뜻밖의 한국

뜻밖의 한국

유건재 지음

FANTASTIC KOREA

전 세계가 놀란
한국식 모순 경영의 힘

21세기북스

"게으르고 우둔하며 변덕스럽다."
외국인의 푸른 눈에 비친 17세기 조선인은 무기력하고 의기소침해 보였다.
이후 나라를 잃고 동족상잔의 전쟁을 거치며 그 말에는 더욱 힘이 실렸다.
그러나 한국인은 보이는 게 전부가 아닌 민족이었다.
폐허가 된 땅 위에서도 희망의 싹을 뿌리는 존재였다.

산업화 시대, 한국인은 선진국을 따르며 꾸준하고 성실하게 일했다.
금방 끓고 식는 냄비는 밥 먹는 시간도 아껴가며 일했던 한국인의 삶 자체였다.
하지만 한국인은 아랫목을 은근하게 데우듯 꾸준한 군불도 지필 줄 알았다.
'빨리빨리'에는 언제나 뒷심 있는 한 방이 있었다.

오늘날 한국인을 바라보는 사람들의 시선은 달라졌다.
한류로 불리는 한국 문화는 전 세계를 열광시키고 새로운 트렌드를 만들어낸다.
세계 어디에도 없는 새로운 한류의 바탕에는 한국인만의 놀라운 비밀이 숨어 있다.

일은 완벽하면서도 빨리 해내야 하고, 결과물은 싸면서 질도 좋아야 하는 한국인.
반대된 것 어느 하나도 포기하지 않는 한국인의 내면에는 모순의 DNA가 심어져 있다.
불확실하고 모호한 것으로 가득한, 4차 산업혁명이 요구하는 시대적 능력.
모순이란 무엇이며, 그 능력을 가진 한국인은 누구인가?
스스로도 몰랐던 '우리'에 관한 이야기를 시작해보자.

차례

PART 4 경영학으로 풀어본 진화된 모순

PART 5 모순에 흔들리는 리더를 위한 제언

프롤로그 1

미래 경영의 키워드 '모순'

현대 경영학의 역사는 대략 120년으로 알려져 있다. 오랜 시간 동안 전 세계의 수많은 학자, 기업가, 연구자가 이론적 학문과 실질적 경영의 원리를 발전시켜왔다.

그러나 경영의 거대한 물줄기에서 '한국식 경영'이라는 말이 등장한 것은 불과 20년 전 비교적 최근의 일이다. 그 이전이라면 '한국식 경영'을 논하는 것 자체가 다소 엉뚱한 일일 수밖에 없었다. 경영은 미국과 영국 등 선진국 중심으로 발전해왔으며, 그 외에는 한때 세계 최강의 자리를 노렸던 일본의 경영이 주목받았을 뿐이다. 한국 기업의 경영 방식은 변방 중의 변방에 속해 있었다.

짚고 넘어갈 것은 여기에서 말하는 '한국식 경영'이 '한강의 기적'으로 불리는 매우 빠르고 눈부신 발전 자체를 의미하는 것이 아니라는 점이다. 앞선 기업을 재빨리 모방하고 좇는 '패스트 팔로워fast-follower 전략'은 우리 고유의 것이 아니다.

속도를 높이는 '빨리빨리 경영'도 우리만의 것이라고 보기는 힘들다. 이미 오래전부터 산업 현장에서는 속도를 높이려는 노력을 끝없이 해왔다. 대표적으로 컨베이어 벨트 시스템은 현장의 작업 속도를 극한으로 끌어올리는 역할을 했다. 외형적으로 보이는 '패스트 팔로워 전략'이나 '빨리빨리 경영'은 '한국식 경영'이 아니다.

한국에 관한 놀라운 평가

한국 기업에 대한 평가는 약 20여 년 전부터 조금씩 달라지기 시작했다. 2002년, 미국의 경영학자 피터 드러커Pete Drucker는 『넥스트 소사이어티』에서 이렇게 이야기했다.[1]

> 기업가 정신을 가장 잘 실천하고 있는 나라는 미국이 아니라 한국이다.

한편 영국의 경제 주간지 《이코노미스트》는 2011년, '아시아의 새로운 모델 기업'이라는 커버 스토리에서 이렇게 적었다.[2]

> 삼성을 비롯한 한국 기업이 아시아의 새로운 모델로 부상하고 있지만, 그 전략을 따라 하기는 쉽지 않다.

드러커는 '현대 경영학의 아버지'라 불리는 사람으로, 경영학의 역사에서 가장 유명하며 영향력도 큰 인물이다. 《이코노미스트》 또한 격조 높은 논조와 문체로 180여 년의 유려한 역사를 이어온 세계적인 잡지다. 그런 이들의 높은 평가는 정작 당사자인 한국인으로서도 매우 당황스러울 수밖에 없다. 조명을 받고 있는 당사자가 정작 "왜?"라는 질문을 던지는 다소 이해할 수 없는 상황이 펼쳐지는 것이다.

하지만 이런 평가가 등장하기 시작한 것에는 분명한 이유가 있다. 글로벌 경영의 중심축이 전환되는 시기에 한국 기업은 다른 나라에서는 엿볼 수 없는 매우 색다르고 뛰어난 전략을 구사해왔다. 그간 한국 기업은 일본을 비롯한 선진국의 전유물이었던 전자, 자동차, 반도체 등 기술집약적 분야에 집중하며 과감한 개발과 투자를 이어나갔으며, 그것에서 유례없는 성공을 거됐다.

그리고 이는 전 세계 어느 나라의 기업도 해보지 않은 혈혈단신의 길이기도 했다. 이때부터 한국 기업에 대한 찬사는 이어졌고 많은 외국의 학자와 경영자는 '한국식 경영'에 대해 궁금해하기 시작했다.

경영학자로서 필자는 지난 수년간 한국인에 대해 외국인이 묘사한 다양한 책과 연구 결과를 조사했으며, '도대체 한국식 경영의 실체와 본질은 무엇인가'라는 의문으로 연구를 거듭했다. 그 결과 매우 일관적인 패턴 하나가 눈에 띄었다. 바로 '한국인은 매우 복잡하고 모순이 가득한 사람'이라는 것이며, 심지어 그것이 경영에서도 그대로 적용되고 있다는 점이다.

'우리'를 정의하고 이해하는 일

모순이라는 단어는 보통 부정적인 느낌으로 쓰이는 경우가 많다. 상존할 수 없는 두 가지 특성 혹은 요인이 동시에 존재함으로써 팽팽한 긴장감이 존재하는 현상을 설명하기 때문이다. 그래서 보통은 앞뒤가 맞지 않고 대단히 대립적이며 불안정한 상태, 혹은 명확하게 정의하기 어려운 상태를 말한다.

이런 모순을 수용하고 활용하는 능력은 단순히 교육으로 만들기 어렵다. 오히려 민족 고유의 특질, 예로부터 내려오는 전통적 DNA가 있어야만 가능한 일이다. 한국인이 가진 이런 특성은 산업화 과정에서 안타깝게도 폄하되고 숨겨져 왔지만, 그 보물을 발견한 한국 기업 덕분에 지금까지 소중하게 이어져 내려올 수 있었다. 따라서 한국 기업이 지닌 장단점의 근본을 거슬러 올라가면 한국인의 특성 또한 찾아볼 수 있다.

한국인이 가진 모순적 특성을 가장 극적인 형태로 설명한 글이 있다. 바로 '푸른 눈의 영국 기자'라고 불리는 마이클 브린Michael Breen이 쓴 『한국, 한국인』이라는 책이다.[3]

브린은 한국인이 '좋으면서 싫고' '기쁘면서 슬픈' 모순되는 감정뿐만 아니라 이런 주장도 쉽게 수용한다고 말한다. 그래서 하나를 선택하기 위해 나머지 하나를 포기해야 하는 것도 마지못해 수긍한다는 것이다.

그러나 이런 사고방식은 둘 중 어느 한쪽을 선택하면서 다른 쪽을 포기하지 않아도 된다는 착각에 빠지게 한다. 결국 가격도 저렴하고 질도 좋은 제품을 요구한다든지, 안전에 필요한 비용을 줄이면서 더 안전해지기를 바란다든지, 일을 꼼꼼하게 하면서도 빨리 해내려고 하는 것이다.

필자는 이런 한국인의 '모순'을 경영에 적용해본 결과 다음과 같은 결론을 도출했다.

- 집단 안에서 강한 주체성을 지닌 모순
- 개방성과 폐쇄성이 공존하는 모순
- 빨리빨리 속 은근과 끈기의 모순
- 다양성을 받아들여 융합해내는 모순

공존할 수 없다고 생각했던 모순을 품어내는 것이야말로 전 세계 어디에서도 나타나지 않는 '한국식 경영'의 실체와 본질이다.

새로운 성찰이 필요한 때

한국인이 가진 모순은 매우 폭발적이고 창의적인 힘으로 나타난다. 봉준호 감독은 한 인터뷰에서 이렇게 말했다.

> 모순된 상황을 한곳에 모아놓고 나타나는 현상을 관찰해 보세요. 예상을 넘어서는 뛰어난 결과가 나올 것입니다.

봉 감독이 '모순'을 기업 경영에 적용시킨 후에 한 말은 아닐 것이다. 그는 세계에서 가장 창의적인 감독 중의 한 명으로, 스스로 무의식중에 배우고 동찰했넌 것을 있는 그대로 말했을 뿐이다. 그러나 그의 통찰에서 '모순'이 가진 위대한 힘의 단초가 엿보인다.

이 책은 네 가지 모순을 중심으로 한국 기업이 어떻게 성장했고, 그 안에서 발전시켜야 할 것이 무엇인지에 대해 이야기한다. 한마디로 '우리'를 관찰하고 성찰하고, 재정의하는 일이다. 한국 기업이 '빠른 추격자'의 지위를 위협받고 효율성의 시대에서 창의성의 시대로 이동하는 지금, 우리에게는 새로운 성찰이 필요하다. 우리 고유의 특성을 파악하고 이해하면서 한국인에 맞는 시스템과 문화를 만들어가야 하는 시점이 됐다.

더 나아가 이런 특성과 문화는 한국인 개개인의 발전과 성장에도 좋은 기회가 될 수 있다. 기업과 마찬가지로 사람 역시 주변 환경의 변화 속에서 때로 위기에 맞닥뜨려 이를 극복해야 할 때가 생긴다. 또 이제껏 없었던 일상의 혁신을 통해 새로운 미래를 만들어가야 할 때도 있다. 이런 상황에 대처할 때 한국인이 지닌 모순적 특성을 이해하고 있다면 많은 도움을 받을 수 있다.

즉 회사나 조직에 안주하지 않고 미래를 주체적으로 대비하고, 변화가 필요한 상황에서는 주저 없는 실행력을 발휘하면서도, 은근과 끈기를 통해 이를 꾸준히 이어갈 수 있다. 또 다양한 외부 요소에 개방적인 자세를 유지함으로써 개인의 삶에도 매우 유리한 국면을 만들어낼 수 있다.

이를 위해서는 먼저 우리 자신을 있는 그대로 보고 그 특성을 제대로 인식해야 한다. 성찰은 나의 본질을 회복하기 위한 작업이다. 즉 현재를 통해 과거와 만나, 미래로 가는 것이 성찰이다. 한국 기업의 현재 속에는 과거부터 이어져 내려온 한국인의 모습, 그리고 존재했지만 잊고 있었던 한국인의 모습이 존재한다. 그 모두를 안고 다시 미래로 나아가는 것이 한국 기업의 숙명이다.

성찰은 현상을 뚫고 본질로 들어간다. 다양한 현상의 본질은 때로는 매우 단순한 경우도 많다. 그러니 다양한 현상에 현혹되지 말자. 현상 그 너머에 무엇이 있는지 알 수 있다면 의외로 미래로 가는 길은 간단할 수도 있다.

프롤로그 2

한국인,
출생의 비밀

'한국식 경영'에 보다 심도 있게 접근하기 위해서는 우선 한국인의 특성이 무엇인지 구체적으로 알아야 한다. 앞서 기업 경영에 적용되는 네 가지 모순을 제시했지만, 사실 한국인의 특성은 이보다 더 깊고 넓은 스펙트럼을 형성하고 있다.

우리는 스스로가 한국인이기 때문에 한국인에 대해 잘 안다고 생각할 수 있지만, 실제로는 그렇지 않을 가능성이 크다. '자신도 모르는 자신'이 있다는 점에서 더욱 그렇다. 어쩌면 '잘 알고 있다는 착각' 때문에 그 본질에 접근하지 못할 수도 있다. 필자는 다양한 이유로 감춰져 온 '한국인과 한국 문화'에 접근하기 위해 30여 권의 책을 통해 한국인의 57가지 특성을 정리했다.

강요된 부정적 시선

과거부터 한국인은 스스로를 부정적으로 보는 시선에 익숙했다. 지금 40~50대 이상의 기성세대는 누구라도 한 번쯤 이런 시선을 접해봤을 것이다. 가까운 아버지, 할아버지, 친척으로부터 건네받은 스스로에 대한 부정적 평가는 우리의 인식을 강하게 지배해왔을 가능성이 크다. 사실 이런 부정적 시선은 꽤 오랜 역사를 갖고 있다.

17세기 조선의 생활상을 세세하게 기록한 최초의 유럽 서적 『하멜 표류기』의 저자 헨드릭 하멜Hendrik Hamel은 조선을 고립과 폐쇄의 나라로 묘사한다. 그는 조선인을 방탕하고 쾌락적이며, 술과 유흥을 좋아하는 자유로운 모습으로 표현했으며, 때로는 무기력하고 움츠러든 상태로 그렸다. 물론 부정적 인식만 있었던 것은 아니었다. 한국인은 배움을 중시해서 책을 숭상하고 온화하며 배려심이 많다는 표현도 있다.

그러나 일본인과의 비교에서는 매우 차별적인 묘사를 이어간다. 부지런한 일본 남자와 달리 조선 남자는 게으르고 변덕스럽고 우둔하며, 일본 여자는 정결하고 우아하며 기민하다고 이야기한다.[4]

이와 함께 일제 강점기 동안 강요됐던 부정적 시선은 과거의 인식과 결합하면서 더욱 노골화됐다. 특히 일부 한국인은 자신의 정체성을 아예 포기하고 새로운 정체성을 가져야 한다고 주장하기도 했다.

대표적인 것이 이광수가 1922년 잡지《개벽》에 기고한 '민족개조론'이다. 한국 민족은 본성이 좋지 않기 때문에 개조를 해야 하며, 그 개조의 방향은 일본인이라는 것이 주된 논조다. 이 글에서 이광수는 한국인이 이기적이고, 봉사를 모르며, 비겁하며, 단결하지 못하기 때문에 쇠퇴했다고 주장한다.

물론 당시 모든 한국인이 이런 주장을 받아들이지는 않았다. 잡지를 발간한 출판사가 물리적인 공격을 당했고 칼을 들고 이광수의 집을 침입한 사람도 있었다. 하지만 이광수의 주장은 당시 한국인의 정체성에 대한 인식의 단면을 보여준다.

다만 대체적으로 한 민족을 향해 '게으르다'고 평가하는 것은 산업화를 이룬 나라에서 산업화를 이루지 못한 나라를 보는 일반적이고 평균적인 관점일 수도 있다. 산업화에 완전히 적응하지 못한 농경 사회의 사람이 보여주는 행동은 상대적으로 느리게 보이고, 그것에 대해 '게으르다'는 평가를 내릴 수 있기 때문이다.

우리가 객관적으로 본 '우리'

오늘날 한국인을 일방의 부정적인 시선으로만 바라보는 사람은 그리 많지 않다. 한국인과 한국 기업이 일궈낸 놀라운 성과로 한국인에 대한 인식은 그만큼 극적으로 달라졌다. 그런 점에서 우리는 '외부인의 시선에 의한 객관화'가 아닌 '한국인의 시선에 의한 객관화'를 해야 할 필요가 있다.

그간 한국인을 조명하는 많은 책과 담론이 있었지만, 이를 종합적으로 살펴보는 시도는 부족한 것이 사실이었다. 따라서 여러 참고문헌을 토대로 먼저 한국인 특성 57가지를 키워드화하고, 각각이 한국인과 타자의 시각 중 어디에 속하며 몇 차례 언급됐는지까지도 자세하게 분류했다. 개수만 보면 지나치게 다양하다는 느낌이 들지만, 이들 사이의 유사점을 찾아가는 과정에서 전체를 관통하는 '문화적 맥락'을 찾아보는 데 궁극적인 의미가 있다.[5]

여기에서 중요한 점은 한국인이 보는 한국과 외국인이 보는 한국에 다소 차이가 있다는 점이다. 타자의 관점에서만 존재하는 요소는 '물질주의, 은근과 끈기, 다름에 관대, 새우 콤플렉스, 열린 교류, 전사 기질, 폐쇄성, 자유분방, 존중' 등이다. 여기에

한국인의 특성

특성	합	한국인 시각	타자 시각	특성	합	한국인 시각	타자 시각
모순을 안는 힘	2	2	0	새우 콤플렉스	1	0	1
강한 책임감	1	1	0	열린 교류	1	0	1
손 기술	2	2	0	게으름	3	2	1
빨리빨리(조급성)	8	7	1	부지런함	2	1	1
냉소주의	1	1	0	전사 기질	1	0	1
평등주의	3	2	1	문기	3	1	2
최고-최대-최초 추구	1	1	0	호기심	1	1	0
가족(집단)주의 공동체 정신	8	6	2	용광로 문화	1	1	0
관계주의	1	1	0	논쟁 토론	1	1	0
서열	1	1	0	깡다구 문화	1	1	0
강한 지도자 추종	2	1	1	단일성	1	1	0
권력의 독주 저지	2	1	1	획일성	1	1	0
극단주의	3	3	0	집중성	1	1	0
파격(비균제성)	2	2	0	폐쇄성	1	0	1
공간 지각력	1	1	0	자유분방	1	0	1
야성(거침)-신명(흥)-쾌락 추구	7	3	4	존중	1	0	1
역동성	2	2	0	당파성	1	1	0
즉흥성	1	1	0	비상식성	1	1	0
현세주의(출세)	3	3	0	적응주의	1	1	0
도전의식 부족	1	1	0	비자율적	1	1	0
심정 중심주의(정)	4	3	1	불신	1	1	0
비현실적 낙관주의	2	2	0	감투 지향적	1	1	0
복합 유연성	2	1	1	현상 유지적	1	1	0
불확실성 회피	1	1	0	비실증적	1	1	0
물질(결과)주의	1	0	1	비전문적	1	1	0
은근과 끈기	1	0	1	무속적	1	1	0
한	4	2	2	순응적	1	1	0
정신(선비정신)	4	1	3	여유 없음	1	1	0
다름에 관대	1	0	1				

서 '새우 콤플렉스'는 중국, 일본, 러시아라는 초강대국들의 틈바구니에 끼인 한국이 자신을 당연하게 약소국으로 인식하는 것을 의미한다.

반면에 한국인이 보는 관점에서 존재하는 것들은 '극단주의, 현세주의, 손 기술, 파격, 역동성, 비현실적 낙관주의, 강한 책임감, 냉소주의, 최고-최대-최초 추구, 관계주의, 서열, 공간 지각력, 즉흥성, 도전의식 부족, 불확실성 회피, 호기심, 용광로 문화, 논쟁 토론, 깡다구 문화, 단일성, 획일성, 집중성' 등이다.

특이한 점은 타자의 눈으로 보는 부정적 요소가 한국인이 보는 부정적 요소보다 현저하게 적다는 점이다. 이는 곧 한국인이 스스로를 열등하게 본다는 사실을 의미한다.

그런데 한국인의 긍정적인 면, 혹은 부정적인 면을 서로 대조해놓으면 한 가지 특이한 현상이 드러난다. 바로 서로 대치되고 모순되는 개념이 많다는 점이다. 예를 들어 '부지런함과 게으름' '열린 교류와 폐쇄성' 등 반대되고 모순되는 특징이 모두 한국인을 설명하는 요소로 등장한다.

이렇게 대치되는 개념, 동시에 존재하기 힘든 요소가 특정 집단을 설명하고 있다는 사실은 어떤 의미일까? 한국인의 이런 특성은 어디에서 온 것일까?

모순의 관점으로 정리한 한국인의 특성

긍정적 요소	부정적 요소
강한 책임감	
은근과 끈기 / 깡다구 문화	빨리빨리(조급성) / 여유 없음
심정 중심주의(정) / 호기심	냉소주의
평등주의	서열
모순을 안는 힘	극단주의 / 최고-최대-최초 추구
파격(비균제성) / 야성(거침) / 역동성 / 복합 유연성 / 즉흥성	한
전사 기질	도전의식 부족 / 현상 유지적 / 순응적 / 적응주의
비현실적 낙관주의	불확실성 회피
정신(선비정신) / 문기	물질(결과)주의 / 감투 지향적 / 비상식성
다름에 관대 / 열린 교류 / 존중 / 용광로 문화	단일성 / 획일성 / 폐쇄성
부지런함	게으름
자유분방	비자율적
	비실증적 / 비전문적
가족(집단)주의 공동체 정신 / 관계주의	
현세주의(출세)	
당파성 / 논쟁 토론	
손 기술	
권력의 독주 저지	강한 지도자 추종
공간 지각력	
	새우 콤플렉스
집중성	
	불신
	무속적

서열을 지키면서도 평등을 지향하고, 흥이 있으면서 한도 있고, 선비정신이 있으면서도 물질주의를 지향하는 나라. 여기에 자유분방하면서도 비자율적이며, 획일성을 추구하면서도 열린 교류를 하는 한국의 특성은 단순히 '이해하기 힘들다'라고 해석하기에는 부족하다.

오히려 '천성적으로 모순적이다'라고 해석하는 것이 더욱 적절할 수 있다. 이런 관점에서 모순은 아래처럼 새로운 능력으로 다시 정의될 수 있다.

▸ 양극단을 모두 유연하게 오가는 능력

▸ 상황에 따라 특정한 능력을 발휘한 후 다시 회복하는 능력

▸ 한쪽으로 치우치지 않고 균형 감각을 유지하는 능력

▸ 서로 배타적인 것을 화해시키는 능력

물리적 세계에서의 모순은 서로 양립할 수 없지만, 정신세계를 가진 사람에게 나타나는 모순은 세상을 바라보고 대처하는 새로운 능력이라고 볼 수 있다.

따라서 모순은 조직 차원, 혹은 개인 차원에서 서로 다른 대응이 필요하다. 조직 차원에서는 양극단을 나눠 하나의 극단에만 집중할 수 있도록 인력을 나눌 수 있다. 반면 개인 차원에서는 스스로 오롯이 모순을 만나야 한다. 미래에는 개인 차원에서 모순에 대응할 수 있는 역량이 매우 중요해질 것이다. 앞서 언급한 유연성, 회복력, 균형 감각 모두 모순을 잘 맞이할 수 있는 기본 역량이다.

이와 같은 분석만으로 한국인의 모순적 특성이 어떻게 만들어졌는지는 알 수 없다. 하지만 이것 하나는 확실하다. 이 모든 속성이 한국인에게 이미 내재해왔다는 사실이다.

한국에 민감한 사람들의 증언

한국인의 모순적 특성은 앞선 학문적이고 이론적인 방법뿐만 아니라, 한국인의 정체성에 매우 민감한 사람들의 증언을 통해서도 확인할 수 있다. 20여 년 동안 한국에 살고 있으며 '수천 명의 한국인'을 만났다는 웨이스 니오 토프락Veyis Neo Toprak이 과거 한 언론에 기고한 글에는 한국인의 모순적 특성이 아주 잘 드러나 있다.

토프락은 한국에 살면서 한국의 생활에 대해 적는 것이 얼마나 어려운 일인지에 대한 솔직한 이야기로 글을 시작한다. 의도하지 않아도 누군가의 마음을 다치게 하거나 오해를 불러오는 등의 문제가 생길 수 있기 때문이다. 그럼에도 글을 이어간 토프락은 한국인이 그들만의 모순을 갖고 있다고 말한다.

그의 눈에 비친 한국인은 가족을 위해 희생하고 일하는 데 하루 중 절반이 넘는 시간을 보내며, 사회적인 예의와 감정을 훌륭하게 조화시킨다. 일부는 외국인을 혐오하는 것 같아도 알고 보면 극도로 친절하며, 간혹 무능하다고 생각될지 모르지만 때로는 엄청난 성공을 이룬다. 집단주의자로 보이지만 아마도 동아시아 사람들 중에서 가장 개인주의적일 것이라는 평가도 덧붙인다.

토프락이 본 한국인은 대중 앞에서는 내성적이어도 사적으로는 매우 외향적이다. 공적인 자리에서는 심각해 보이고 딱딱하게 느껴지지만 가까운 사이와 가진 술자리에서는 어린애들처럼 자유로워 보인다. 또한 주변에 대한 배려심이 강하지만 간혹 자신과 관계된 특정 집단 안에 있는 사람을 위해서만 마음을 쓰는 경우도 있어 보인다.

하지만 토프락은 이런 외적인 특성을 파악했다고 한국인 전체를 이해한 것은 아니라고 이야기한다. 한국에서 얼마나 머물렀는지와 상관없이 외국인은 여전히 외국인이고, 아마도 영원히 외국인으로 머물러야 할지도 모른다는 것이다.[6]

그의 글에서 주목할 점은 제일 마지막 부분이다. 이 말은 바꿔 말해서, '외국인은 영원히 한국인을 이해할 수 없다'는 의미이기 때문이다. 한국인의 특성이 얼마나 모순적이면서도 심층적인지, 그리고 얼마나 체질화돼 있는지를 말해준다.

이런 한국인의 능력을 미국에 사는 한인 2세의 말을 통해서도 들어볼 수 있다. 그들은 한국인의 정체성을 갖고 있으면서도 미국이라는 타지에서 미국인과 어울려서 살기 때문에 한국인의 특성을 매우 예민하게 감지할 것이라 예상할 수 있다.

미국 연방통신위원회FCC, Federal Communications Commission 부국장을 역임한 권율도 그중 한 사람이다. 스탠퍼드대, 예일대 로스쿨을 졸업하고 미국 CBS 방송 〈서바이버〉에서 우승해 미국 한인 사회의 영웅으로 떠오른 그는 '자신이 본 한국인'이라는 기고문을 국내의 한 언론사에 보내왔다.

권율은 그 자리에 오르기까지 한국인이라는 정체성이 가장 큰 역할을 했다고 이야기한다. 한국인의 핏줄 안에는 많은 강점이 흐르고 있으며, 그 자신도 나이를 먹으며 이를 깨닫고 자랑스러워하게 됐다는 것이다. 그가 생각한 리더십의 요소는 서로 모순되고 배타적이었다. 터프하되 예민해야 하고, 단호한 결정을 내려야 했지만 때로는 상대의 말에 귀 기울여야 했으며, 자신감이 넘치면서도 스스로의 단점에는 겸손해야 했다.

그런 의미에서 그가 본 한국인은 모순적인 리더십의 기질을 타고난 민족이었다. 자존심이 강하면서도 때에 맞춰 겸손하고, 단호하면서도 상대를 포용할 줄 알며, 성격이 불같이 급하고 감성적인 한편 헌신적이고 충직했다. 그조차도 깨닫지 못했던 이런 한국인의 특성은 성장 과정에서 점차 발현됐고 그가 훌륭한 리더로서 자리 잡는 데 중요한 역할을 했다. 그는 리더십의 자질을 유전적으로 갖춘 한국인이야말로 세상에서 가장 뛰어난 리더가 될 수 있다고 말한다.[7]

한국인이 유전적으로 타고난 특성인 '모순'은 그저 단순한 습성이나 습관, 혹은 스타일이라고 보기 어렵다. 그것은 애초에 타고난 '유전자'이며 한국 문화 속에서 더욱 공고화된 특별한 기질이다.

더 중요한 사실은 이런 한국인의 특성이 다방면으로 투영되면서 '오로지 한국인만 할 수 있는 결과'를 만들어내고 있다는 점이다. 굳이 언급하지 않아도 충분히 알고 있는 '한류의 세계화'가 그것이며, 이는 아무리 따라 하려 해도 흉내 낼 수 없는 민족적인 색채이기도 하다.

한스 안데르센Hans Andersen의 동화 『미운 오리 새끼』의 결정적 반전은 새끼 오리가 자신의 '출생의 비밀'을 알고 난 후에 일어난다. 못생긴 새끼 오리는 주변의 미움으로 고통받다가 강물을 들여다본 후 자신이 백조의 새끼임을 알아차렸고, 이후 백조의 무리에 끼어 평화롭고 행복하게 살아갔다. 결국 '나를 아는 것'

이 새로운 변화의 출발이라는 이야기다.

이만열이라는 한국 이름으로 잘 알려진 임마누엘 페스트라이쉬Emanuel Pastreich 아시아인스티튜트 이사장은 그의 저서 『한국인만 모르는 다른 대한민국』에서 안타까움을 토로한다.

그에 따르면 한국인은 급격한 도약의 과정을 거치며 스스로의 위상을 제대로 인식할 시간을 갖지 못했다. 또한 선진국을 마치 유토피아처럼 여기는 한국인의 생각과 달리 큰 격차로 한국을 능가하는 선진국은 현실 세계에 존재하지 않는다.[8]

이제 한국인은 스스로를 인식해야 한다. 그 '출생의 비밀'을 알아야 하며, 감춰진 우리의 모습을 제대로 인식해야만 한다. 바로 그 과정에서 이 책은 중요한 역할을 할 것이다. 한국인의 특성이 어떻게 기업 경영에 투영돼 있으며, 또 무엇을 개선해야 더 나은 모순적 한국인이 될 수 있는지에 대한 탐구를 지금부터 시작해보려 한다.

PART
1

한국식 모순 경영이란 무엇인가

모순의 힘이란 곧 변증법의 힘이다. 정正-반反의 충돌과 융화가 합合이라는 전진의 동력을 만들기 때문이다. '한국식 경영'은 바로 이 지점에서 출발한다. 한국 문화와 한국인에 내재된 그 고유의 특성이 기업 경영에 적용되면 전례 없던 새로운 힘, 폭발적인 에너지가 분출된다. 그리고 미래에 이런 경영 방식은 더욱 중요해질 것이다. 불확실성이 큰 빠른 변화 속에서 한국인이 갖고 있는 모순은 방향을 잡고 나아가기에 매우 효과적인 대응 수단이다.

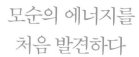

모순의 에너지를 처음 발견하다

한국 경제는 '폐허'에서부터 시작했다. 3년간의 한국전쟁은 그동안 이룩해놓은 대부분의 산업 기반과 삶의 터전마저 붕괴시켰다. 하지만 그로부터 반세기에 이르는 동안 한국인은 놀랍도록 빠르게 경제성장을 이뤄냈다. 세계인은 이를 '한강의 기적'이라고 불렀다.

더욱 놀라운 점은 그 와중에 끊임없는 충격파를 감내해야 했다는 점이다. 오일쇼크, 외환 위기, 금융 위기 등이 한국 경제를 연타했다. 넉 다운된 상태에서 그냥 일어서기도 힘든데, 맞으면서 일어나는 기적 같은 맷집을 보여줬다.

그 이면에는 한국인만이 갖고 있는 매우 독특한 모순적 경영이 있었다. 어울리지 않은 듯 어울리고, 대립할 것 같으면서도 융합됐던 모순이 모여 한강의 기적을 고스란히 이끌어왔다. 특히 '집단주의와 개인주의'의 모순과 여기에서 만들어진 '신바람'은 새로운 에너지를 촉발시켰다.

필연적으로 예견됐던 실패, 그리고 반전

산업화는 대부분 경공업으로부터 시작된다. 노동집약적이고 저렴한 임금을 앞세운 산업이 발전하며 경제에는 시동이 걸린다. 그중 섬유산업은 가장 대표적인 경공업으로, 한국도 초기 섬유산업에서부터 부흥을 이루기 시작했다.

이후 경공업이 일정 수준에 오르면 중화학공업으로의 전환이 필요하다. 하지만 철강을 기반으로 자동차, 화학, 전기, 반도체, 조선으로 대표되는 중화학공업은 경공업과 달리 기술력과 높은 초기 투자가 필요하다. 따라서 자본력과 기술력이 여의치 않은 상황이라면 이런 산업으로의 전환은 필연적으로 실패를 맞이한다.

바로 여기에서 한국은 놀라운 저력을 발휘한다. '실패를 두려워하지 않는 무모한 도전'을 통해 이 과정을 매우 과감하게 이뤄냈다. 한국 기업 100년사에서 가장 인상적인 두 개의 장면을 살펴보자.

1974년 현대중공업은 세계 제일의 생산능력을 가진 독을 계획해서 세계 최초로 배와 독을 동시에 완공하는 저력을 보여줬다. '한국 최초의 진수식'이었다. 이렇게 되기까지 매우 많은 우여곡절이 있었다.

당시 현대는 목표를 달성하기 위해 국가 경제개발 1년 예산의 15퍼센트에 달하는 4300만 달러가 필요했다. 이에 정주영 회장이 영국 바클레이스 은행에 융자를 요청했지만, 기술과 경험이 전무했던 한국의 한 기업에 도움을 줄 리 만무한 상황이었다. 당연히 거절이었다.

하지만 정주영 회장은 오백 원짜리 지폐 속 거북선을 보여주면서 "한국은 1500년 전에 이미 거북선을 만든 경험이 있다"며 그들을 설득했고, 결국 바클레이스 은행으로부터 자금을 지원받는 데 성공한다. 처음에는 기술력이 부족해 일본 기업과 합작을 시도했지만 작은 규모의 배를 만들 수 있는 시설로 충분하다는 일본 측의 생각을 거부하고 독자 생산을 결심, 끝내 성공을 이뤄냈다.[9]

세계 최초로 64MD램을 개발한 것도 마찬가지였다. 1983년 삼성 이병철 회장은 반도체 중에서도 첨단에 속하는 초고밀도 집적회로VLSI, Very Large Scale Integration 사업에 대규모 투자하기로 한다. 이른바 도쿄 선언이었다. 당시 반도체 산업의 선두 주자였던 인텔은 이병철 회장을 '과대망상증 환자'라 비웃었다. 실제로 투자가 실패로 돌아가면 그룹 자산의 절반이 날아가는 큰 모험이었다.[10]

하지만 삼성전자는 도쿄 선언 6개월 만에 미국과 일본에 이어 64KD램 독자 개발에 성공했다. 이후 1990년까지 일본을 추격하면서 제품 개발을 지속했고, 마침내 세계 최초로 64MD램 개발에도 성공했다. 반도체 산업을 선도하는 기업으로 발돋움하게 된 매우 중요한 순간이었다.[11]

여기에서 우리가 주목해야 할 점은 이런 무모한 도전이 '왜' 성공할 수 있었냐는 것이다. 상식적으로 '무모한 도전'은 실패할 확률이 높다. 말 그대로 '무모하기' 때문이다.

그런데 한국 기업은 이런 무모한 도전에 성공한 경험이 많다. 단지 한국 기업인이 야망이 크고 밀어붙이는 힘이 강하기 때문이라는 설명으로는 부족하다. 전 세계에서 야망이 크지 않은 기업인이 어디 있으며 의욕적으로 전진하고 싶지 않은 기업이 어디 있겠는가?

무모한 도전이 성공했던 이유, 신바람

대체로 우리는 '모순'을 설명할 때 창과 방패의 비유를 들고는 한다. 모순이라는 말은 '그 어떤 방패도 뚫을 수 있는 창'과 '그 어떤 창도 막아낼 수 있는 방패'에서 유래했다. 이 두 무기가 서로를 향한다면 우리는 논리적 모순에 처하게 된다.

그런데 발상을 전환해보자. 만약 모순된 두 가지가 서로를 향하지 않고 함께 조화를 이뤄 상대편을 향한다면 어떨까? 아마도 이 '신무기'는 전무후무한 강한 전투력을 가진 전사를 탄생시킬 것이다.

실제로 한국 기업은 이런 모순을 잘 섞어 새로운 에너지로 발전시켜 왔다. 가장 대표적인 것이 앞서 말했듯 집단주의와 개인주의라는 모순이 뒤엉켜 만들어내는 전혀 색다른 한국인의 에너지, 바로 '신바람'이다.

대체로 집단주의와 개인주의는 대척점에 서 있다. 집단주의가 지배하면 주체성이 말살되고, 주체성이 너무 드러나면 집단의 힘은 약해진다. 하지만 한국의 기업과 구성원은 집단주의 성향이 강하면서 주체성도 강한 모습을 보여줬다.

한국인은 조직 속에서 자신의 존재가 드러나기를 바라고, 자신의 정체성이 명확하게 확립되기를 원한다. 그것이 나를 빛나게 하고, 인정받게 해준다고 믿기 때문이다. 따라서 기업은 스스로 결정하고 실행하는 한국인이 집단 속에서도 주체성을 발휘하도록 했다.

한국 기업이 발전을 시작한 1970~1980년대는 주체성을 발휘하기 좋은 환경이었다. 많은 것이 준비되지 않았던 당시의 열악한 상황은 모든 것을 새롭게 시작하도록 했고, 동시에 한국인을 집단주의적 단결을 통해 뭉치게 했다. 한국인은 그 시작을 향해 과감하게 달려갔다. 많은 것이 부족해도 '그만큼 내가 할 일이 많겠군'이라고 여기며 주체적 결단을 내렸다.

즉 결정권과 통제권을 가질 수 있었던 당시의 상황을 한국인은 일하기에 괜찮은 환경이라고 판단했다. 어려움과 열악함 앞에 서서 한숨을 쉬거나 짜증을 내는 것이 아니라, 오히려 서로 단결하며 의욕을 높이는 정서. 바로 이것이 한국인 특유의 '신바람'이라고 할 수 있다. 영어로는 '흥분 혹은 신남excitement'이라고 번역되지만, 신바람을 설명하기에는 턱없이 부족하다.

신바람은 낙관적인 미래 전망 속에서 그 어떤 어려움도 뚫고 나갈 수 있다고 믿는 강한 정신이며, 힘들어도 서로를 위로하며 웃을 수 있게 만드는 한국인의 독특한 정서다. 한국 기업인의 무모했던 도전 뒤에는 그것을 충분히 떠받치고 전진할 수 있게 하는 전례 없던 에너지인 '신바람'이 있었다.

'무모한 도전'은 리더의 의욕만으로는 달성할 수 없다. 그것을 받쳐주는 구성원의 에너지가 있어야 비로소 실행과 성취가 가능하다. 한 나라의 명운이 결정됐던 산업화 시기, 한국인의 정서에는 무모함을 뚫고 나가려는 '신바람'이 거세게 불었다.

신바람은 한번 의기투합하면 모두 앞다퉈 전진하는 특성도 갖고 있다. 세계 시장에서 한국 기업의 '빠른 의사결정과 실행력'은 성공 요인으로 꼽힌다. 그리고 이는 '패스트 팔로워'라는 구체적인 전략으로 가시화됐다.

모방을 통한 추월은 개발도상국 기업이 많이 사용했던 방법이었다. 그러나 이를 통해 지금의 우리와 같은 경제적 위상을 이뤄낸 나라는 많지 않다. 모두 알고 있던 '패스트 팔로워' 전략이었지만, 그것을 실천하는 것만으로 성공에 이르는 추진력을 얻기는 어려웠기 때문이다. 이때도 한국 기업의 차별점은 한번 결정된 이상 신나게 달려가는 '신바람'에 있었다.

기업에는 특유의 조직 문화라는 것이 있어야 한다. 그래서 지금의 글로벌 기업도 조직 문화를 설계하고 확산시키는 것에 많은 공을 들이고는 한다. 그러나 한국인의 조직 문화는 타고난 DNA

자체가 승화된 모습이다. 비록 적지 않은 부작용을 낳기도 했지만, 집단과 개인을 둘러싼 모순과 그것이 만드는 '신바람'의 에너지가 한국의 산업화를 성공시켰다는 점을 부인하기는 어렵다.

미국도 일본도 아닌 '한국식' 경영

집단주의와 개인주의가 한데 어우러진 '한국식 경영'만큼이나 집단과 개인의 문제는 많은 여러 나라의 경영에서 중점이 되는 요소다. 일본에서는 오랜 시간 집단주의적 성향이 경영을 지배했고, 미국에서는 사람에 대한 집요한 관찰을 통해 개인이 어떻게 집단 속에서 창의성을 피울 수 있는가에 대한 연구가 이뤄져 왔다.

이처럼 '집단'과 '개인'에 대한 고민은 나라에 따라 전혀 다른 모습으로 나타난다. '한국식 경영'이 일본과 미국의 경영과 매우 차별화된 모습을 보여주는 것도 그 때문이다. 결국 한국인의 특성인 모순 속에서 이유를 찾을 수 있다.

집단주의의 한계에 부딪힌 일본

'한국식 경영은 존재하는가'라는 질문에 대한 전문가의 견해는 다양하다. 존재 유무 자체에 대해서도, 존재한다면 어떤 모습으로 나타나는가에 대해서도 관점에 따라 서로 의견이 분분하다. 그러나 감히 말하자면, 한국식 경영은 분명 존재할 수밖에 없다.

보편성과 특수성은 늘 함께 존재한다. 그런 의미에서 한국 기업은 보편적 경영 원리를 차용해서 산업화의 길을 걸어가면서도 다른 나라와는 차별적으로 효율성을 달성해왔다. 결국 한국식 경영의 시작은 일본과 미국의 선진 제도를 도입해서 따르고 모방하면서도 한국 고유의 모순적 특질을 결합하는 데서 출발했다.

앞서 이야기했듯이 한국인이 가진 많은 특성은 산업화 과정에서 폄하되고 숨겨져왔다. 하지만 숨겨져 있다고 사라진 것은 아니다. 한국인의 모순적 특성은 한국 기업 문화 속에 은밀하게, 그리고 끈끈하게 이어져왔다. 따라서 한국 기업이 지닌 장단점의 근본을 거슬러 올라가면 한국인의 특성이 여실히 살아 있음을 곳곳에서 찾아볼 수 있다.

'일본식 경영'이라는 말이 탄생한 것은 1970년대다. 미국은 당시 일본 기업의 미국 진출에 위기의식을 느끼고 그들의 방식을 '일본식 경영'이라 명명하며 그것에 대해 구체적으로 연구하기 시작했다.

그동안 경영학자들이 '일본식 경영'이라고 부른 방식은 철저하게 집단적 의사결정이 중심을 이룬다. 이런 시스템에서는 합의를 중요시하기 때문에 당연히 의사결정이 지연되는 경우가 많다. 하지만 일단 의사결정이 이뤄지면 일의 진행 속도가 빨라지고 그 일에 대해 의문을 제기하는 경우도 적다. 즉 모든 구성원이 문제에 대해 이해하고 공유하는 시간을 많이 갖는 것이 일본식 경영의 특징이다.

이런 특징은 집단주의와 의사결정 방법으로 설명된다. 집단주의는 개인보다는 집단의 이익을 우선시하고, 개인보다는 그들이 속한 집단에서 정체성을 찾는다. 일본의 집단주의는 집단 의사결정 체제로 연결된다. 집단 구성원의 동의를 먼저 이끌어내고, 그 동의를 바탕으로 행동을 독려한다.

이런 일본식 경영은 1980년대 말까지는 전 세계에서 기세를 떨쳤다. 경영학의 측면에서 본다면, 불량률 제로에 도전하는 고도의 인간 정신이 강조됐고, 완벽한 적기 생산을 위한 기법이

고안됐다.

일본식 경영이 가진 또 하나의 특징은 끊임없는 개선을 통해 완벽을 추구하는 '카이젠Kaizen, かいぜん'의 문화다. 일본은 창의성을 높이는 것보다 만들어진 아이디어의 완성도를 높이는 방향이나 아이디어가 상품화되는 과정을 개선함으로써 혁신을 추구한다. 문제는 이런 일본식 경영이 1990년대에 접어들며 한계에 부딪혔다는 점이었다.

어느 순간부터 경영에서는 '원가절감'보다는 '고부가가치 창출'이라는 새로운 요구가 대두됐다. 불량률을 줄이는 것도 중요하고 적기에 납품하는 일도 중요하지만, 점차 세상은 '창의적인 제품'을 만드는 시대로 바뀌었다. 바로 여기에서부터 일본 기업의 어려움이 시작됐다.

한국과 달리 개인의 주체성이 드러나지 않는 집단주의는 창의성 발현에서 빈약한 모습을 드러냈고, 조금씩 개선하는 '카이젠'으로는 파괴적 혁신을 만들어낼 수 없었다. 오늘날 글로벌 기업 전쟁에서 일본 기업이 많이 쇠퇴한 것은 바로 이런 점에 기인하고 있다.

그러나 한국은 일본과 같은 집단주의에서 출발했으면서도 주체성을 드러내는 모순적 전개를 품고 있었다. 덕분에 창의성의 시대에 조금씩 적응할 수 있었고 더 나아가 시대를 이끌어가게 됐다.

창의성을 발현하는 미국

일본식 경영이 집단주의를 통한 의사결정의 합의를 중요시하는 것과 달리, 미국식 경영은 개인주의를 기반으로 한 창의성의 발현을 높게 평가한다. 이처럼 각 나라의 문화 차이가 경영 방식에도 영향을 미친다는 것은 이미 연구를 통해서도 드러난 사실이다.

네덜란드의 심리학자 헤이르트 호프스테더Geert Hofstede의 국가 간 문화 연구에 따르면 1991년 당시 미국의 개인주의는 세계에서 가장 높은 점수를 차지했고 한국은 53개국 중 43위로 집단주의가 강한 모습이었다.[12] 그만큼 미국에서 개인의 존재는 결코 빼놓을 수 없는 핵심 가치다.

개인주의적 특성과 창의성 사이의 상관관계는 미국의 산업 발전 과정에 잘 드러나 있다. 지난 역사에서 완전히 새로운 제품이나 서비스는 주로 미국에서 시작됐다.

스마트폰이라는 상품 영역도 미국의 강점을 보여주는 예다.

정확히 표현하자면 '미국 기업 애플이 스마트폰이라는 제품을 산업화했다'가 맞을 테지만, 그 기반에는 미국의 개인주의가 존재한다. '아이폰' 이전에도 스마트폰과 비슷한 제품이 존재했지만 산업으로서 정착되지 못했기 때문이다. 이제는 '메타'로 불리는 '페이스북', 그리고 '에어비앤비'와 같은 혁신적 비즈니스 모델이 인터넷 산업에 출현한 것 역시 그렇다.

또 과학적인 효율성에 기반한 미국식 경영은 기업 운영에서도 다른 나라와는 상이한 철학으로 운영돼왔다. 미국 기업은 분권화와 협업이 잘 구현될 수 있는 기업 문화와 제도를 만들었다. 기업 내부적으로 전략적 측면에서 유연하고 과감한 변화가 가능하도록 개인주의에 바탕을 둔 성과 제도와 경력 개발 제도를 갖추고 있다.

또한 '장소는 고정된 채 사람이 움직이는 방식'인 가내수공업 형태를 완전히 걷어내고 '사람을 고정하고 라인이 움직이는 방식'인 대량생산의 급진적 혁신radical innovation을 이뤄냈다. 대량생산이라는 완전히 새로운 생산방식을 하나의 시스템으로 창조해낸 것이다.

미국은 이처럼 새로운 생각이 자유롭게 실험되고, 그 실험을 통해 얻은 결과물이 시스템적으로 안착할 수 있는 나라다. 이런 급진적 혁신은 다양성을 이뤄내고 다시 개인주의, 즉 자율을 가능하게 한다.

미국식 경영은 개인의 자율성을 바탕으로 다양성이 작동할 수 있는 기업 문화를 형성함으로써 지속적으로 높은 성과를 보여왔다. 그런 만큼 고용과 해고가 비교적 용이하고, 평생 직장의 개념보다 평생 직업의 개념이 강해 이직의 빈도는 다른 나라에 비해 높은 편이다.

한 시대를 풍미했던 일본식 경영, 그리고 지금도 전 세계를 지배하고 있는 미국식 경영. 이 둘에서 개인과 집단은 중요한 차이를 낳는다. 한국처럼 '모순적 상태'에서 긴장 관계를 유지한 채 서로의 장단점이 융화되는 경우는 어디에서도 찾아보기 힘들다.

지난 2010년 프랑스 소르본대 도미니크 바르조Dominique Barjot 교수는 국내의 한 심포지엄에 참석해 주제 발표를 하면서 삼성의 경영에 대해 이야기했다.[13]

> 이병철 회장은 한국의 신유교주의와 일본식 경영 시스템, 독일식 생산방식, 미국식 관리방식을 종합해 독창적 모델을 창조했으며, 이제 삼성은 한국 대기업의 표본이 됐다.

여기에서 '신유교주의'는 급속한 경제성장의 뿌리를 유교의 전통적인 가족주의와 공동체주의에서 찾는 관점이다. 그런 점에서 '한국식 경영'이라는 것은 분명하게 존재하며, 현재로서는 전 세계 어디에서도 나타나지 않았던 독특한 기업 경영의 문화라는 점을 인정하지 않을 수 없다.

주체적 개인으로 이뤄진 '우리'

이제까지 살펴본 한국인의 '집단-개인주의' 성향은 산업화 과정에서 매우 강력한 무기로 전환돼 한국 경제를 이끌어왔다. 그리고 그중 '집단주의'는 패스트 팔로워 전략을 실행하는 데 큰 도움이 됐다. 구성원이 하나로 뭉쳐지지 않고 개인적으로 흩어지는 성향의 집단은 이런 전략을 실천하고 싶어도 할 수가 없다. 즉 후진국에서 중진국으로 가는 길에 매우 큰 곤란을 겪게 된다.

여기에 집단주의에만 함몰되지 않고 '개인주의'와 공존하며 한국 경제는 주변 나라와 매우 다른 양상으로 발전했다. 지금부터는 한국식 경영을 특징짓는 네 가지 모순에 대해서 차근차근 살펴보도록 하자.

색다른 집단주의, '우리 속의 나'

한국 집단주의의 성격은 주변 나라의 집단주의와는 다르다. 이를 두고 『어쩌다 한국인』에서 저자 허태균 교수는 집단주의지만 주체성이 높아 자신을 드러내는 것을 좋아한다고 설명했으며, 구본형 대표는 저서 『코리아니티』에서 '우리 속의 나'라는 개념으로 정의했다.[14] 한국인은 우리라는 집단을 중요시하면서도 그 집단에 함몰되지 않고 나를 찾기 위해 노력한다는 의미다.

집단주의인 동시에 주체성이 강한 한국의 집단주의에서 개인은 공동체 속에 존재하는 관계에서 의미를 찾는다. 한국인은 내가 속한 기업 혹은 공동체의 목적을 달성하기 위해서라면 나를 희생하는 데 주저함이 없다. 조직의 구성원은 공동체의 방향이 정해지면 하나가 된 듯 일사불란하게 움직이며 계획을 실행에 옮긴다. 이런 집단주의는 한국인의 뼛속까지 들어 있는 강력한 DNA다.

이와 동시에 한국인은 자신만의 자리를 잊지 않는다. 나로 살아야만 직성이 풀린다. 역사의 소용돌이 속에서는 나를 잠시 접어두고 공동체의 안정에 집중하지만, 그렇다고 나를 살리려는 욕구까지 완전히 버리지는 않는다. 한국인이 주체성 강한 민족이라는 사실은 역사 속에서 이미 여러 차례 드러났다. 이처럼 집단주의와 강한 주체성은 한국인이 오랜 시간 껴안고 살아온 대표적인 모순이다.

이런 성향이 기업 경영에 투영되면 패스트 팔로워 전략에 최적인, 매우 독특한 현상이 나타난다. 한국의 경우 리더들이 중요한 의사결정을 내리면, 대부분의 경우 빠른 실행에 돌입한다. 문제가 있다면 실행하면서 수정하고, 이 과정에서 구성원의 동의를 지속적으로 얻어낸다. 의사결정에 드는 시간, 그리고 소통을 통해 설득하는 시간을 줄이고 '뛰면서 수정하는' 것이다.

물론 이 과정에서 개인의 개성과 소수의 목소리가 무시됐던 것은 한국의 역사에서 부인할 수 없는 사실이다. 패스트 팔로워 전략의 특성상 일사불란한 수행을 위해 이런 희생은 큰 고려 대상이 아니었다. 이제는 당연히 수정돼야 할 부분이다.

한국 집단주의의 저력은 삼성전자의 반도체 공장 설립 사례에서 잘 드러난다. 일본의 경우 반도체 공장을 짓는 데 2년 정도가 필요했던 당시, 삼성전자는 단 6개월 만에 완공을 이뤄냈다. 설계, 토목, 장비 설치 등의 절차를 순차적으로 진행하지 않고, 동시에 진행했기에 가능한 결과였다. 하루 공사 시간 또한 8시간이 아닌 3교대 24시간 체제로 운영했다. 그만큼 계획의 변경이 많이 일어나고, 즉시 대응해야 할 문제도 많이 발생할 수 밖에 없었다.

하지만 이 방식을 통해 공사 기간은 4분의 1로 단축됐다. 리더가 결정하고 구성원이 질주하면서 나타나는 매우 성공적인 사례가 아닐 수 없다. 리더가 정해진 원칙대로 해야 한다는 생각만 갖고 있었다면 이뤄낼 수 없는 성과였다.

또한 한국의 집단주의는 직원을 가족처럼 생각하게 하는 강한 소속감을 만들어왔다. 흔히 비유하듯 '가족 같은 회사'는 많은 경영자가 자신의 회사를 설명하면서 쓰는 말로, 강한 단결력의 원천이었다.

오늘날 그 안에 담긴 부정적인 의미를 부인할 수는 없지만, 여기에는 분명 가족처럼 직원을 챙겨준다는 긍정적인 의미도 담겨 있다. 선배가 후배에게 밥이나 술을 사거나 후배를 전적으로 맡아 하나부터 열까지 가르쳐주는 멘토링도 외국인에게는 생소한 문화다.

이처럼 한국 기업은 구성원에게 다른 나라에 비해 강한 연대감을 만들어줬고, 여기에 구성원도 자긍심을 느끼며 기업 차원을 넘어 국가 경제 발전까지 이뤄낼 수 있었다.

집단지성의 힘

한국의 집단주의는 기업에서 집단지성collective intelligence으로 발현되기도 한다. 집단지성이란 쉽게 말해 '집단의 문제 해결 능력'을 의미한다. 참여자의 능력이 산술적인 합을 넘어 그 이상의 창조적인 문제 해결을 이뤄내는 것이라고 할 수 있다. 이런 능력은 IT 기술을 중심으로 협업 문화가 발달한 미국의 기업에서 더 출중하게 발현되지만, 한국 기업 역시 이런 집단지성을 위한 노력을 기울여왔다.

삼성전자에서 운영하는 집단지성 플랫폼 '모자이크MOSAIC, Most Open Space for Advanced Intelligence and Creativity'에는 2018년 기준 하루 평균 10만 명이 접속했으며 16만 건에 달하는 아이디어가 축적됐다.[15] 글로벌 법인을 통해 아이디어를 모집했을 때도 인도 법인에서 진행된 공모전에서만 여섯 건의 특허가 출원되기도 했다.[16] LG의 'LG-LIFE', SK하이닉스의 '상상타운', 쌍용자동차의 '큐브'도 같은 예다.

심지어 정부 기관에서도 한국인의 집단지성을 활용하는 시도를 하고 있다. 지난 2021년 9월, 기획재정부에서는 중앙 부처 가운데 처음으로 부처 내의 집단지성 시스템을 구축했다.[17]

이처럼 한국 기업과 국가 기관에서 집단지성을 적극적으로 활용하는 이유는 자신이라는 개인을 독립된 개체로 인식하기보다 상호의존적 존재로 인식하기 때문이다. 얼핏 집단주의 특성을 보이는 나라인 일본이나 중국과 유사하다고 생각할 수 있지만 한국은 주체성이라는 면에서 매우 다른 모습을 보인다.

한국인은 집단을 중시하되, '나'라는 개인이 그 집단에 영향을 발휘하기를 원한다. 반면에 일본인은 집단을 중시하고, '나'라는 개인은 그 집단의 영향력을 수용하기를 원한다. 이 특성은 한국인의 모순을 보여주는 중요한 부분이다.

한국인은 집단 속에서 목적을 찾고, 의미를 찾고, 관계를 찾아 안정감을 갖는다. 동시에 한국인은 그 집단의 목적, 의미, 관계에 직접적인 영향을 주고 싶어한다. 산업화 시대에는 한국인의 강한 주체성이 시대의 요구에 잠시 묻혀 있었다고 보는 것이 타당하다.

일본의 문화심리학자 이누미야 요시유키犬宮義行는 『주연들의 나라 한국 조연들이 나라 일본』에서 한국인과 일본인의 행동 차이를 규명한다. 그는 두 나라의 가장 큰 차이점으로 '자기 개념'을 꼽으며, 한국인은 '주체성 자기 개념'을, 일본은 '대상성 자기 개념'을 갖고 있다고 말했다. '주체성 자기 개념'은 자신을 사회적 영향력을 발휘하는 주체로, '대상성 자기 개념'은 스스로를 사회적 영향력을 수용하는 대상으로 인식한다.

그에 따르면 일본의 버스 운전사는 지정된 정류장 외의 장소에서 정차하는 경우가 없다고 한다. 정해진 규칙이고, 개인은 그 규칙에 따라야 하기 때문이다. 아주 위급한 상황이 아니라면 운전사는 이를 따른다.

하지만 한국에서는 버스 운전사가 지정된 정류장 외의 장소에서 버스를 세우는 경우가 많다. 버스를 뒤늦게 발견하고 뛰어오는 승객을 위해, 혹은 내리는 곳을 지나쳐 하차를 요구하는 승객을 위해 운전사는 경우에 따라 정해진 정류장이 아닌 곳에서 정차한다. 요시유키에 따르면 일본과 한국 운전사의 행동은 자기 개념의 차이다.[18]

결과적으로 한국의 집단주의는 '역동적으로 살아 있는 집단주의'를 만든다. 이는 과거 산업화 시대에는 패스트 팔로워 전략에 적합했으며, 앞으로의 불확실한 미래에는 스스로 대안을 만들고 함께 전진해가는 미덕으로 발전할 것이다.

열림과 닫힘의 유연한 공존

'완전히 닫혀 있는 문화' 혹은 '완전히 열려 있는 문화'는 존재하지 않는다. 어떤 문화든 '어느 정도' 혹은 '어느 영역'에서는 열려 있거나 닫혀 있다.

이처럼 개방성과 폐쇄성은 문화뿐만 아니라 많은 다양한 영역에서 모순되면서도 이분법적으로 해석되지 않는 개념이다. 시대와 환경의 변화에 따라 개방과 폐쇄의 정도는 계속해서 진폭이 있기 마련이다.

한국인은 역사적 시기마다 개방과 폐쇄의 정도를 달리하며 매우 유연하게 적응해왔다. 과거 산업화 시대에 '재벌'이라는 형태의 폐쇄적인 기업 구조는 많은 문제를 양산했지만, 성장 중심의 경제구조에서 적지 않은 도움이 되기도 했다. 그리고 디지털 전환의 시기를 맞은 오늘날, 한국 기업은 다시 개방성을 강화하며 성공 드라이브를 이어나가고 있다.

닫힌 경제에서 열린 경제로

역사적으로 개방성이 높은 시기라 하면, 통일신라 시대 장보고가 해상무역을 주도했던 시기, 고려 시대 벽란도를 중심으로 무역을 활발히 주도했던 시기, 조선 중기 이후 김정희 등의 실학파가 떠올랐던 시기 등을 꼽을 수 있다.

장보고와 벽란도 중심의 무역이 해상 세력의 등장과 성장을 이끌었듯이, 김정희를 비롯한 선인들의 열린 자세는 유교의 강한 영향력 속에서도 실사구시實事求是라는 새로운 정신적 유산을 마련했다. 또 불교, 도교, 농사와 관련된 기술, 이후 유교를 받아들이는 과정에서 조선의 중심 사상과 문물은 놀라운 발전을 이뤘다.

이와 같은 개방적 성격이 폐쇄적으로 바뀐 것은 조선 시대 중반 이후로 여겨진다. 당시는 외세의 침략이 계속됐던 탓에 집단주의가 강해질 수 밖에 없었고 이런 흐름은 조선 말기 쇄국정책으로 이어졌다. 이후 일본 제국주의의 침략과 한국전쟁 이후 미군의 한반도 장악 등의 요인으로 한국인의 의식 저변에는 개방에 대한 거부감이 더욱 커졌다.

심지어 한국은 24년 전까지만 해도 일본 문화에 대한 개방을 전면적으로 봉쇄했었다. 당시 지상파 TV에서는 일본 드라마, 영화, 노래가 방영되는 것을 법으로 금지하고 강하게 제한했다. 그 후 처음으로 일본 문화가 개방된 것이 1998년이었다.

그렇다고 한국인이 '옹고집'과 같은 폐쇄성만 유지한 것은 아니다. 전면적인 개방이 가져올 혹시 모를 피해를 걱정하고 염려했을 뿐, 일상 문화에서는 매우 유연하게 개방과 폐쇄를 넘나들었다.

가장 대표적인 사례가 바로 주거 문화였다. 한옥은 개방성과 폐쇄성이 절묘하게 균형을 맞춘 공간이다. '사랑방'이라는 닫혀 있는 공간에서 사람과 사람 사이에 친밀함을 만들어내고, '거실'이라는 열려 있는 공간에서 개방성과 비움을 통해 소통을 만들어냈다.

또한 조선 시대에는 철학 사상, 특히 성리학을 도입하는 데 매우 적극적이었다. 아시아의 많은 나라가 유교권 문화에 속하지만 한국만큼 성리학을 자생적으로 발전시킨 나라는 없었다.

이는 한국인이 피해를 동반하지 않는 무형적인 문화나 사상의 도입에서는 비교적 개방성이 높았다는 사실을 보여준다.

하지만 산업화 시기에 접어들며 경제구조에서 폐쇄성이 공고화되기 시작했다. 1960~1970년대는 국가와 재벌 중심의 강력한 경제성장이 이뤄지면서 그 폐쇄성이 한동안 이어졌다고 볼 수 있다. 산업화를 통해 이룬 눈부신 경제성장의 이면에는 상당한 부작용이 만들어졌다.

이후 민주화 정권은 재벌 해체에 많은 노력을 기울였다. 하지만 오랜 시간 이어져 온 폐쇄적 구조는 쉽게 변하지 않았다. 비교적 최근인 지난 2018년 미국 듀크대 게리 제레피Gary Gereffi 교수는 국내 언론과의 인터뷰에서 '한국 기업의 폐쇄성'을 문제로 지적했다.

그에 따르면 다양한 융합 기술이 필요하고 새로운 시장을 개척해야 하는 디지털 산업은 개방성이 중요한 분야다. 그러나 한국은 다른 기업과의 협업이나 투자, 인수 합병M&A, Mergers and Acquisitions 등에서 모두 소극적이다. 구글과 마이크로소프트, IBM이 지난 15년간 165건의 M&A을 이룬 것과 비교하면 삼성전자 등 한국 주요 기업의 시도는 저조한 수준이라는 것이다. 게리 교수는 한국 기업이 다국적 외국 기업과 협업할 경우 손해

를 볼까 걱정하는 것 같다고 덧붙였다.[19]

4차 산업혁명 석학이라 불리는 그의 우려를 쉽게 흘려들어서는 안 된다. 불확실성이 증가하는 미래에 개방성은 위험을 감수하고서라도 맞닥뜨려야 할 사안이 될 것이다. 이를 보여주듯 최근에는 한국 기업도 적극적인 M&A를 통해 개방적 자세를 취하고 있다. 폐쇄적 전략으로는 더 이상 빠른 환경 변화에 대응하기 어렵다는 것을 기업도 파악했기 때문이다.

외환 위기 이후, 눈을 돌리다

개방성과 폐쇄성은 혁신을 나누는 기준이 되기도 한다. 이를 개방적 혁신open innovation과 폐쇄적 혁신closed innovation이라 부른다. 개방적 혁신이란 미국 UC버클리대 헨리 체스브로Henry Chesbrough 교수에 의해 제시된 개념으로 내외부의 집단지성을 활용해서 혁신을 추구해가는 방식이다. 오늘날 일부 기업을 중심으로 이뤄진다. 폐쇄적 혁신은 내부 연구 개발R&D, Research and Development을 중심으로 혁신을 추구하는 것으로, 한국 기업의 대다수가 2000년대까지 이런 방식을 추구했다.

한국 기업이 본격적으로 개방성을 갖추기 시작한 때는 1990

년대 외환 위기 이후로 볼 수 있다. 당시 한국 기업인은 변화하는 시장에 유연하게 적응하지 못했다는 인식하에 외부 지향성과 유연성이 높은 미국식 인사관리 제도를 도입하는 동시에 개방적인 시스템과 새로운 조직 문화를 매우 강조했다.

또한 구조 조정을 위한 다양한 조치를 도입했고 기업의 M&A와 투자에 필연적으로 따르는 다양한 걸림돌을 제거했다. 특히 정리 해고를 허용해 외국인 투자를 확대함으로써 한국 경제를 더욱 개방적으로 바꾸는 역할을 했다.[20]

이런 경제 전반의 변화와 함께 인력 구조에도 개방성을 추구했다. 그중 '외국인 임원' 도입은 가장 상징적인 조치였다. 삼성이 그 선두에 있었다.

삼성전자는 2002년 영국인이었던 데이비드 스틸David Steel 부사장을 '삼성전자 본사 1호 외국인'으로 임명했다. 북미 TV 및 휴대전화 1위 달성과 삼성 브랜드의 위상을 높이는 데 기여한 공로를 인정한 결과였다. 이후에도 2015년까지 삼성 전 계열사를 통틀어 57명의 외국인 임원이 근무를 했다.[21] 그들의 적응 여부를 떠나 이후에도 외국인 임원은 꾸준히 늘어났으며, 이는 기업의 개방성에 적지 않은 영향을 미쳤다고 볼 수 있다.

그러는 사이 해외의 전문 글로벌 시장조사 기관에서도 한국 기업의 개방성을 인정하기 시작했다. 지난 2012년 11월 글로벌 시장조사 기관 GfK Gesellschaft für Konsumforschung의 최고경영자 마티아스 하르트만Matthias Hartmann은 국내 언론과의 인터뷰에서 한국 시장의 강점을 개방성으로 꼽았다.

한국을 다양한 외부 요소를 받아들여 기존의 특성과 융합하는 데 능하다고 평가하며, 한국이 수출에 강한 것도 그 덕분이라는 것이다. 그에 따르면 한국 기업은 글로벌 시장에서 통하는 제품을 어떻게 만들고, 소개해야 하는지를 알고 있다.[22]

비슷한 시기 구글 이사회 의장이었던 에릭 슈밋Eric Schmidt 역시 삼성과 LG 등의 예를 들며 한국 기업의 역량을 높이 평가했다. '혁신을 촉진하는 개방성 철학의 중요성' 또한 빠뜨리지 않는 이야기였다.[23]

한편 2017년 글로벌기업가정신발전기구GEDI, Global Entrepreneurship Development Institute의 분석에서 한국 기업의 개방성은 특이한 양상으로 나타났다. 전체 순위는 137개국 중에서 24위로 나쁘지 않았지만, 개방성의 한 지표인 국제화는 32퍼센트로 다른 선진국에 비해 낮은 편이었다.[24] 앞으로 한국 기업에 필요한 변화가 무엇인지를 말해주는 결과다.

개방성과 폐쇄성이라는 주제는 '변화와 유연성'과 같은 맥락에 닿아 있다. 산업화 시기나 지금이나 경제와 사회는 늘 역동적으로 움직인다. 따라서 여기에 얼마나 잘 적응하느냐가 생존을 위한 관건이다. 그런 점에서 매 시기 문화와 역사, 경제에서 개방성과 폐쇄성을 오갔던 한국은 두 가지 모순을 잘 품어왔으며 앞으로도 잘 헤쳐나갈 것이라 평가할 수 있다.

뒷심 있는 '빨리빨리'

한국인의 대표적인 특징 한 가지를 꼽는다면 단연 '빨리빨리'를 빼놓을 수 없다. 외국인이 가장 빨리 배우는 단어 중의 하나가 '빨리빨리'라는 말이 있을 만큼, 외국인을 대상으로 한 설문조사에서도 한국인을 표현할 때 빠지지 않는다. 실제로 한국인은 생활 속에서 보이는 행동도, 유행을 따라가는 속도도 빠르다. 기업에서도 목표를 설정하면 예정보다 빨리 달성하려고 노력하고 실제로 해낸다.

하지만 우리에게는 '빨리빨리'와는 정반대의 '은근과 끈기'라는 문화도 있다. 그리고 한국식 경영에서 모순된 두 개념은 모두 적용되고 있다. 만약 한국인에게 '빨리빨리'만 존재했다면 장기적인 투자를 필요로 하는 조선, 반도체, 자동차와 같은 산업은 존재하지 않았을 것이다. 반도체가 미래의 필수 분야임을 알고 미국과 일본을 넘어 독립적인 메이커가 되고자 하는 은근한 목적이 존재했고, 그것을 끈기 있게 추구해왔기에 가능한 일이었다.

한국식 경영에서 '빨리빨리'와 '은근과 끈기'는 더 이상 떨어져 있는 모순적 개념이 아니다. 민첩성과 순발력을 전진 배치함으로써 변화에 적극 대응하고, 계속되는 혁신을 추구해나갈 수 있는 뒷심으로 존재한다.

패스트 트랙에 익숙한 민족

'빨리빨리'가 예전부터 한국인의 특성이었는지에 대해서는 약간의 의문이 남는다. 조선 시대 말 한국을 방문한 외국인의 기록에 한국인은 하나같이 게으름, 느림이라는 부정적 표현으로 서술돼 있기 때문이다. 당시 일모작이라는 농경문화 탓에 상대적으로 한가해 보였을 가능성도 제기되지만, 지금의 한국인으로서는 이해하기 어렵다.

오늘날 '빨리빨리'가 적용된 최적의 분야는 바로 배달이다.

빠른 배송을 위해서는 체계적인 인프라가 갖춰져야 할 뿐만 아니라, 배송과 관계된 모두가 빠름에 대해 받아들이고 행동으로 옮길 수 있어야 한다. 빠른 배송이 미국이나 중국, 러시아처럼 땅이 크지 않아서가 아니라, 이런 시스템과 인식에서 온 것임은 외국에 거주하는 한국인을 통해서도 확인할 수 있다.

과거 미국으로 이민 간 한인 중에서는 세탁소로 적지 않은 성공을 거둔 사람이 많았다. 그때 많은 미국인은 한국 세탁소의 '세탁 후 당일 배달'에 놀라움을 금치 못했다고 한다. 한국인의 '빨리빨리'가 새로운 시장을 개척한 것이다.

조선업에서도 한국 기업은 '빨리빨리'를 실천하며 전 세계에서 1위의 자리를 차지했다. 조선이나 플랜트 같은 수주 산업에서는 오더를 내리는 사업주의 돈을 얼마나 절약하는지가 가장 중요하다. 당연히 시간이 길어질수록 사업주의 비용 손실은 커질 수밖에 없다.

이때 한국인은 단 하루라도 더 빨리 생산할 수 있는 패스트트랙fast-track 방식의 일 진행으로 선진국의 틈 사이로 파고들었고, 지금의 위상을 얻어냈다. 단지 '일의 속도'만 빨랐던 것이 아니라 이를 위한 기술 개발이 뒷받침돼 있었기에 가능했다. 세계 최초의 육상 건조 기법, 부유식 도크 건조 공법, 메가 블록 공법

등 신기술 공법 등을 개발하면서 한국인은 '빨리빨리'를 가능하게 하는 근본적인 조건을 만들어냈다.[25]

여기에 한국인에게는 '빨리빨리'와는 정반대인 '은근과 끈기'라는 특성도 있다. 이를 알 수 있는 것이 바로 단군신화다. 한 나라의 신화는 근원이 되는 정신적 모형 혹은 중요한 가치를 보여준다. 단군신화에서 단군왕검이 탄생할 수 있었던 이유는 쑥과 마늘로 100일을 참아낸 웅녀의 은근과 끈기가 있었기 때문이다. 그만큼 한국인에게는 참고 견디는 은근과 끈기의 가치가 중요했던 것이다.

일명 '불도저 경영'으로 불리는 현대 정주영 회장의 경영 방식은 얼핏 '빨리빨리'만 강조하는 것처럼 보일 수 있지만, 사실 그 밑바탕에는 치밀한 계산에 따른 끈기 있는 추진력이 자리하고 있었다. 다음은 1983년 그룹 간부 특강에서 정주영 회장이 남긴 말이다.[26]

> 불굴의 도전과 모험 정신, 이것으로 다 성공할 수 있는 것은 아니다. 그 이면에는 치밀한 검토와 확고한 신념이 있어야 한다. 다른 사람들은 현대를 모험을 하는 기업이라고들 한다. 그러나 현대는 모험하는 일이 없다.

2005년 삼성전자 반도체 총괄 황창규 사장은 외국인으로는 처음으로 미국 전자산업협회EIA, Energy Information Administration의 '기술혁신 리더상'을 받았다. 그는 이후 진행한 인터뷰에서 한국인의 특성인 '은근과 끈기'가 기업 경영에서 얼마나 중요한지를 이야기했다.

당시 황창규 사장은 무모할 정도로 큰 모험심과 은근과 끈기, 지기 싫어하는 특성을 세계 IT 산업을 선도하게 한 동기 요인으로 꼽으며, 기업과 대학 차원에서 진행하고 있는 과학 인재 양성에 대한 중요성을 언급했다.[27]

그로부터 꽤 많은 시간이 흐른 지금, 한국의 IT 산업이 세계에서 각광받고 있음은 부인할 수 없는 사실이다. 이처럼 한국인과 한국 기업의 특성에는 '빨리빨리'만큼 '은근과 끈기'도 큰 영역을 차지하고 있다.

'빨리빨리'는 산업화 과정에서 최적화되며, 한국 근대화 시기의 발전을 이끌었던 덕목이었다. 한국인의 특징을 양은 냄비라고 상징화했던 것도 같은 맥락이다. 음식을 신속하게 만들고 가격이 저렴하다는 특징을 가진 양은 냄비는 근대화의 속성과 잘 맞물려 있었다.

근대화 시기에는 빨리, 그리고 싸게 일을 처리하는 것이 미덕이었다. 노동자 역시 시간을 아껴야 하므로 양은 냄비를 통한 음식 조리 문화는 당시의 상황과도 잘 어울렸다. 한국인은 먹는 데 드는 시간까지 줄여 힘써 일했다. '빨리빨리'의 속성은 근대화를 추구하는 대개의 나라에서 나타나기 마련이지만, 한국인에게는 조금 더 도드라지게 나타났다.

이처럼 빨리 데워지고 빨리 식는 양은 냄비와 달리 뚝배기는 천천히 끓고 천천히 식으며 열기를 유지한다. 한마디로 뚝배기는 은근과 끈기의 상징이다. 한국인은 오래전부터 뚝배기를 즐겨 사용하며 따뜻함을 오래 유지해야 하는 좋은 음식을 담아 먹었다.

빠르면서도 느긋한 한국인. '빨리빨리'와 '은근과 끈기'라는 상치되는 특성을 동시에 발현해온 한국인은 기다리는 마음을 갖고 있으면서도 시대의 요청에 따라 신속하게 실행하는 능력도 개발해왔다. 그리고 이런 두 가지 모순을 통해 산업화를 성공적으로 이뤄냈다.

한국인은 속도를 단축하면서도 그것을 가능하게 하는 기술의 발전을 이뤄냈고, 또 그 기술을 장기적으로 발전시키면서 선진국의 산업 영역으로 침투해 빛나는 성과를 가져왔다. 성과를 내야할 때는 '빨리빨리' 서두르지만 진득한 노력이 필요할 때는 '은근'하고 '끈기'있게 묵묵히 나아간 결과였다.

다양성의 창조적 융합

닫혀 있음은 다양성을 잃게 하는 주요 요인이다. 조선은 구한말 쇄국정책으로 많은 시련을 겪어야만 했다. 대표적으로 나라를 잃었으며, 그 대가로 수많은 전쟁을 치러야만 했다. 전쟁의 폐허 속에서 한국인은 또 하나의 단일 목표, 즉 경제성장만을 바라보며 달릴 수밖에 없었다.

결과만을 좇는 과정에서 다양성은 전혀 고려 대상이 아니었다. 다양성은 비효율이고, 시행착오며, 늦음의 상징이었다. 하지만 이제는 시대가 변했다. 세계의 추세에 발맞춰 한국 기업은 저마다 창의력의 중요성을 깨닫고, 그 바탕이 되는 다양성을 제고하기 위해 노력하고 있다.

포용력과 창의성이 핵심

다양성은 새로운 아이디어를 만들어내는 창의력 높은 조직의 대표적인 특징이다. 다양성이라는 명칭만큼 이를 정의하는 개념과 측정 방법도 말 그대로 다양한데, 핵심은 얼마나 다양한 생각과 행동이 한 조직 속에서 발현되는가에 있다.

기업 내의 다양성에는 학력, 전공과 같은 조직 구성원의 배경과 성별, 나이 등의 가시적인 요소도 포함된다. 여기에 심층적인 측면에서의 다양성, 즉 사람들이 갖고 있는 가치, 인성, 능력 등도 다양성의 중요한 측정 요소다. 다양성을 확보한 조직에서는 다채로운 의견이 소통되고, 이를 통해 새로운 아이디어가 창조적으로 만들어진다.

한국의 창의력은 전 세계에서 중상위 수준이다. 캐나다 토론토대의 리처드 플로리다Richard Florida 교수가 개발한 글로벌 창의성 지수GCI, Global Creativity Index에서 한국은 2015년, 139개국 중에서 31위라는 꽤 훌륭한 순위를 차지했다. 흥미로운 부분은 종합 평가 하위 요소의 점수 구성이다.

글로벌 창의성 지수에서는 기술, 재능, 관용 세 가지 요소를 평가하는데 한국은 기술 지수에서는 1위를 차지했지만 재능

지수는 50위, 관용 지수는 70위에 머물렀다. 기술력은 뛰어나지만, 개인의 창의성은 부족하고, 다양한 생각과 가치에 대한 포용력은 낮은 것이다.[28]

비슷한 지표로 세계지식재산기구WIPO, World Intellectual Property Organization에서 발표하는 글로벌 혁신 지수GII, Global Innovation Index에서 한국은 2021년 세계 5위, 아시아 1위를 차지했다. 이 순위들은 한국의 기술력이 이미 기업이 성장하는 데 충분할 만큼 마련돼 있다는 것을 암시한다. 이제 한국 기업에 필요한 것은 다양성을 포용하고 이를 통해 창의성 있는 인재를 양성하는 문화인 것이다.

4차 산업혁명을 구성하는 주요 단면 중의 하나는 다양한 영역의 융합이다. 고립된 하나의 영역에서의 발전은 이제 더 이상 많은 가치를 만들어낼 수 없다. 그렇다면 한국인에게 다양성을 포용하는 힘은 어느 정도일까? 혹은 어느 맥락에서 포용하는 힘이 강해질까? 닫힘과 열림은 하나의 잣대보다 어떤 맥락에서 속성이 더 강하게 나타나는지로 판단하는 것이 좋다.

한국인이 재능과 관용 부분에서 떨어지는 반면 기술 다양성에 대한 융합에서 높은 역량을 보여준 것을 바탕으로 보면, 특별히 철학이나 정신과 관련된 영역에서 뛰어나다는 사실을 발견할 수 있다. 이는 종교의 다양성에서도 근거를 찾을 수 있다.

한국은 세계에서 유례를 찾아보기 힘든 종교 구성을 갖고 있다. 세계 5대 종교 중 기독교, 불교, 유교가 한국 내에서 모두 자신만의 영역을 구축해왔으며, 그 과정에서 종교 간의 갈등도 매우 적었다.

특히 기독교와 불교가 동양 중 일부 나라에서만 자리 잡았다는 점에서도 한국인의 열린 마음을 확인할 수 있다. 한국 종교 구성의 다양성과 안정성은 현세 기복 성격의 종교 성향에 기인한다는 분석도 있지만, 원인이 무엇이든 공존한다는 사실 자체로도 특별한 것은 사실이다.

한식에 담긴 융합의 키

한국인의 뛰어난 융합 역량은 4차 산업혁명을 맞이하면서 더 만개할 수 있다. 그중 인터넷망을 의미하는 웹web과 만화cartoon의 합성어인 웹툰webtoon은 융합의 가능성을 잘 보여주는 사례다. 웹툰이라는 단어 자체가 우리나라에서 만들어진 만큼, 네이버와 다음은 일본 시장에서조차 점유율 1위라는 강자 자리를 차지하고 있다. 웹툰의 강점은 만화와 웹의 융합을 넘어 기존의 다양한 프로세스를 색다르게 변형하고 하나의 새로운 시스템으로 만들었다는 데 있다.

이제 소비자는 PC보다는 스마트폰으로 만화를 보고, 완결된 형태가 아닌 매주 업데이트되는 방식의 콘텐츠를 접한다. 이를 위해 만화의 제작 프로세스, 결재 프로세스도 다르게 만들어져야 했는데, 기업이 만든 만화 플랫폼에 작가와 독자 모두 변화해야 했다. 결코 쉽지 않은 융합이었지만, 한국 기업과 독자는 이를 별다른 어려움 없이 이뤄냈다.

융합의 특성은 한국의 음식에서도 발견된다. 한식은 다양한 식재료의 섞임에서 오는 어울림 혹은 융합의 결정체다. 다른 나라의 음식에 비해 한식에는 이런 형태가 유난히 많다. 한국을 대표하는 음식으로 자주 언급되는 비빔밥과 잡채는 섞음과 조화의 정신을 바탕으로 한다. 물론 누군가는 다른 나라에도 재료를 섞는 음식이 있다며 반론을 펼 수 있다. 하지만 한식만이 가진 고유의 차별점이 있다.

서양의 음식은 독립된 음식을 접시에 담아 먹기 때문에 섞여 있는 경우가 별로 없다. 그리고 섞여 있다고 해도 재료가 완전한 음식을 만들어내는 하나의 부속 요소가 된다. 음식이 고추장이나 간장으로 조합되는 예는 거의 없다. 융합의 개념은 독립된 것들의 어울림을 의미하는 것이지, 독립적이지 않은 것들의 섞임을 의미하지 않는다.

앞서 이야기했듯이 융합은 4차 산업의 핵심적인 속성 중 하나다. 이질적인 분야와 속성을 예상보다 강하게 합쳐서 새로운 영역을 만들어내는 것이다. 따라서 융합을 위해서는 다양한 속성이 뒤섞이는 것에 익숙해야 한다. 비빔밥은 한국인이 갖고 있는 융합에 대한 생각을 잘 보여준다. 여기에 다양성에 대한 포용력까지 높아진다면 한국인이 보여줄 융합의 힘은 그 무엇보다 클 것이다.

하지만 여전히 한국인은 다양성을 받아들이기 어려워한다. 특히 한국 기업에서의 인력 다양성은 4차 산업혁명에 당면한 과제다. 한국 기업은 다양한 배경의 사람, 즉 다양한 국적, 인종, 전공을 가진 사람이 함께 어울려 일하는 포용력을 더욱 키워야 할 것이다.

물론 이를 개선하기까지는 시간과 노력이 필요하다. 차별 없이 다양한 사람이 함께 일하기 위해서는 법적인 토대가 만들어져야 하고, 기업은 법과 더불어 문화를 만들어야 한다.

한국에서 다양한 인력이 함께 일하기 시작한 지도 20여 년이 흘렀다. 이전에 비해 법적인 토대가 많이 마련됐고 만들어지고 있다. 기업도 자체적인 제도와 문화적 장치를 만들기 시작하거나 실행하고 있다.

다양한 사람이 함께 일할 수 있다는 것의 중요성과 필요성을 인지하고 정부와 개별 기업이 힘을 합쳐 제대로 된 방향을 잡고 나아간다면 변화는 분명 찾아올 것이다. 한국인 속에 내재된 융합 정신을 고려해보면 충분히 가능하리라 본다.

PART 2

문화 속에 담긴 한국의 경쟁력

판소리, 한옥과 한복, <팔만대장경>… 한국인이라면 누구나 알고 있는 문화유산에는 현대 한국 기업이 가진 글로벌 경쟁력의 비밀이 숨어 있다. 판소리가 내뿜는 개인의 주체성에는 세계를 휩쓰는 한국형 '취향 맞춤 디자인 가전'의 원형이 담겨 있으며, <팔만대장경>에서 보이는 오탈자에 대한 강박에는 한국 기업이 추구하는 '불량률 제로'의 도전 정신이 새겨져 있다. '가치'보다는 '물질'을 앞세워 빠른 발전을 시도했던 산업화 시대에도 원형의 정신은 크게 꽃피지 못했을 뿐, 보이지 않는 기저에서 꾸준한 영향력을 행사해왔다. 한국 문화의 뿌리에는 과연 어떤 산업적 경쟁력이 담겨 있을까?

차별화된 개인을 발견하다

한국적 미의식을 표현하는 고유의 범주는 '일탈' '신명' '풍류' '해학' '한' '흥' 등 꽤 다양하다.[29] 이런 범주는 곧 우리의 삶과 매우 밀접한 연관을 맺고 있는데, 미의식은 '미美와 관련한 의식'만이 아니라, 한 개인이나 집단의 정서적 상태, 판단의 경향, 행동의 패턴에도 큰 영향을 미치기 때문이다.

'흥'이나 '신명'을 갖고 있는 구성원은 일할 때 열정적일 수밖에 없고, '일탈'의 미덕이 있는 구성원은 과거의 관습에서 벗어나고자 하는 경향이 강하다. '해학'을 가진 구성원은 미래를 낙천적으로 보면서 자신의 삶과 일을 꾸려나간다.

그런 점에서 한국인의 미의식은 기업의 리더와 조직원의 사고와 판단에도 영향을 미쳐 결과적으로 기업의 경쟁력까지 좌우한다. 따라서 한국의 전통문화에 스며 있는 미의식을 파헤쳐 보는 것은 '한국식 경영'의 뿌리를 찾아내는 소중한 탐구 작업이다.

틀을 거부하는 한국인

오늘날 판소리는 '힙한' 형태로 부활하고 있다. '새로운 중흥기'라고 표현할 정도로, 다양한 형태로 진화하며 대중의 눈과 귀를 사로잡고자 한다. 판소리의 기원에 대해서는 다양한 의견이 있지만 최소 300년 이상 된 것으로 추정하며, 신라 시대까지 거슬러간다는 주장도 있다.

판소리는 왕실음악이 아닌, 저잣거리의 청중이 호응함으로써 완성되는 매우 독특한 장르다. 자연스럽게 흐름과 발전, 전개 과정 중에 특정 계층이 아니라 한국인의 기층 정서를 반영함으로써 소중한 문화유산으로 자리했다. 이런 판소리에는 '개인화' '개성에 대한 존중'이라는 현대적 개념뿐만 아니라, 한국인이 지닌 아름다움에 관한 철학까지 담겨 있다.

판소리는 한 명의 소리꾼과 한 명의 고수鼓手가 합을 이뤄 음악과 함께 이야기를 엮어가는 장르다. 음악적 역량이 최고로 완성된 상태인 '득음得音'의 경지에서 사람의 목소리는 자연의 많은 소리를 사실에 가깝게 묘사할 수 있다. 더불어 이 단계에서 소리꾼은 자신의 목소리를 완전히 이해하고, 더 나아가 다른 소리꾼과 차별화된 소리를 낸다.

판소리 연구가 최동현 교수는 『판소리란 무엇인가』에서 소리꾼의 목소리 종류를 20개 이상으로 분류하고, 득음의 과정을 '한 명창이 자신만의 독특한 목소리를 찾아나가는 과정'이라고 설명한다.[30]

득음은 대체로 정형화된, 혹은 이상적인 목소리를 정하고 그 소리를 유사하게 닮아가려는 다른 음악 장르와 판소리를 확연하게 구분하는 요소다. 판소리에 다양한 유파流派가 있는 것도 같은 맥락이다. 이상적인 하나의 목소리를 비슷하게 내는 것이 아닌, 개성화된 목소리를 찾는 것이야말로 명창으로 인정받는 길이기 때문이다.

영화로 유명해진 서편제西便制는 전라도 서남 지역의 판소리를 지칭하며 슬픈 가락의 표현에 중점을 두면서도 발성을 할 때 다양한 기교를 부린다. 동편제東便制는 전라도 동북 지역에서 발전한 판소리로 씩씩한 가락에 초점을 두면서 감정을 절제하고 기교를 별로 부리지 않는 특징이 있다. 이외에도 수많은 유파가 개인의 이름을 따서 만들어졌다. 판소리의 아름다움에 '개별성'과 '고유성'이 얼마나 중요한지를 잘 보여주는 대목이라고 할 수 있다.

종교학자 최준식 교수는 『한국인은 왜 틀을 거부하는가?』에서 판소리의 즉흥성을 한국인이 지닌 태생적인 자유분방함에서 찾는다. 그에 따르면 한국의 음악인은 스스로 해석하지 않고 배운 대로 연주하는 것을 추구하지 않았을 뿐만 아니라 경멸하기까지 했다.

산조나 판소리에 유파가 많이 형성된 것도 이런 경향 때문이다. 연주자마다 흥에 취하는 성향, 즉 곡에 대한 해석이 다르기에 각자의 독특한 가락이 생겼고, 이것이 반복 및 정형화되면서 하나의 곡 해석으로 정착됐다는 것이다.[31]

이런 자유로움, 혹은 개인의 주체성 문제는 한국인의 미의식에도 투영돼 있다. 마음에 드는 예술품을 보고 감탄할 때 우리는 '멋있다' 혹은 '아름답다'라는 표현을 즐겨 쓴다. '아름다움'과 '멋'이라는 두 단어가 지닌 의미는 시인 조지훈의 「멋의 연구」에 잘 분석돼 있다.

조지훈은 한국적 미의식을 규명하기 위해 '아름답다'의 어원을 찾아나간다. '아름다움'이라는 말의 고어 원형 '아룸다옴'에서 '아룸'은 '개인적' 혹은 '사사로움'의 옛말이며, '다옴'은 '-답다' 혹은 '-같다'의 의미다. '-답다'의 경우 오늘날의 말에도 여전히 살아 있는 표현이다. 이 둘을 합쳐보면 결국 아름다움은 '사호私好', 즉 '제 마음과 같다' '제 마음에 어울린다'라는 의미를 담고 있다.[32]

쉽게 이야기해서 한국인의 '아름다움'이란 '자기 마음에 어울린다'라는 의미다. 모두가 '각자의 다움'을 이뤄낼 때 비로소 아름다움이 생기는 것이다.

결국 한국인의 미의식이란 개별적으로 고유하고, 개성을 띄며, 개인화된 아름다움에 있다. 이를 현대의 경영 언어로 번역해본다면 '개인화' 또는 '개인 맞춤형'이 반영된 제품, 서비스, 혹은 디자인이 된다.

명창과 명품의 탄생

디자인은 기업 경영에서 '아름다움과 멋'이 가장 치열하게 추구되는 분야 중의 하나로, 제품 기능이나 가격과는 또 다른 차원에서 소비자의 중요한 선택 기준이 된다. 하지만 2010년대

중반까지만 해도 한국 제품의 디자인은 세계에서 그다지 주목받지 못했다. 2012년 한국디자인진흥원KIDP, Korea Institute of Design Promotion이 발표한 세계 주요 23개국의 국가 디자인 경쟁력 순위에서도 일본은 3위, 한국은 14위, 중국은 15위였다. 일본과는 큰 차이가 있었고, 중국이 맹렬하게 추격해왔다.[33]

하지만 그리 오래지 않은 시간, 상황은 완전히 달라졌다. 2016년 유럽 최대 가전제품 기업 BSH Hausgeräte GmbH의 당시 김동규 이사는 한 언론과의 인터뷰에서 한국 디자인의 경쟁력이 10년 전과는 위상부터 달라졌다고 이야기했다.

과거에는 해외 기업에서 한국 기업의 디자인을 모니터링하는 일이 거의 없었지만, 이제는 삼성과 LG의 신제품을 곧바로 조사하고 분석한다는 그의 말은 변화를 실감하게 한다. 김동규 이사의 표현대로라면 현재 한국의 디자인은 우리가 느끼는 것보다 세계 시장에서 더욱 큰 경쟁력이 있다고 볼 수 있다.[34]

최근 삼성과 LG의 전자제품이 기존의 글로벌 강자를 모조리 제치고 소비자의 선택을 받고 있는 것도 이를 뒷받침해준다. 중요한 사실은 바로 여기에 '개인화' '개인 맞춤형'이라는 한국인의 아름다움과 멋의 개념이 배여 있다는 점이다. 과거에는 '백색 가전'이라 불릴 만큼 가전제품은 무조건 흰색에 특별한 디자인이 없는 형태였다.

하지만 최근 출시되고 있는 삼성전자의 '비스포크'와 LG전자의 '오브제'는 모듈식 구성을 통해 자신의 취향에 맞춰 재질이나 색을 선택할 수 있을 뿐만 아니라, 여러 가전제품의 조합을 늘리거나 줄일 수도 있다. 소비자는 많게는 수백, 수천 가지의 색깔과 모듈로 마음에 쏙 드는 구성을 할 수 있다.

이처럼 개인화된 디자인은 이제껏 가전 디자인의 역사에 전혀 등장하지 않았던 개념이다. 그 뿌리가 분명 한국적 미의식에 닿아 있다고 할 만하다.

한국 가전 디자인의 이런 성장과 성과는 마치 판소리의 명창이 득음하는 과정을 떠올리게 한다. 초기에는 스승의 목소리를 따라 하며 실력을 쌓아가지만, 결국에는 자신만의 차별적이고 개인화된 목소리를 찾는 경지에 이르렀을 때 비로소 '명창'이라 불리기 때문이다.

한국 가전 디자인도 마찬가지다. 성능을 높이는 데 주력했던 시간이 흘러, 이제는 차별적이고 개인화된 디자인을 만들어내며 세계인으로부터 '명품'이라는 평가를 받고 있다.

'초개인화'라는 트렌드는 기업 경영에서 향후에도 중요한 가치가 될 것이다. 4차 산업혁명의 최일선에 있는 많은 기업인은 한결같이 '인공지능에 의한 초개인화가 기업의 마케팅을 좌우할 것이다'라고 말한다.

그런 점에서 이미 수백 년 전부터 개인의 중요성을 인식하고 존중해온 판소리 특유의 철학은 한국 기업의 경쟁력을 키우는 뿌리로 작용할 것이다. '각자가 각자 다움'을 추구하는 '개인화된 주체성'은 기업이 흔들림 없이 나아가기 위한 경영 활동의 핵심 덕목이라 할 만하다.

정형화된 틀을 깨부수다

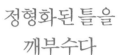

'예술'과 '경영'은 얼핏 생각했을 때 잘 어울리지 않는 이질적인 영역처럼 여겨진다. 하지만 판소리에 담긴 정신이 가전 디자인에 적용된 사례에서 볼 수 있듯이, 한국인의 미의식은 기업의 경쟁력과 깊은 연관이 있다. 그 연결 고리에 바로 '창의성'이 존재하기 때문이다.

예측 불가능한 세계가 점점 더 확장될 미래에는 창의성과 함께 새로운 변화와 도전을 위한 예술적 상상력이 필요하다. 이를 반영하듯이 일부 글로벌 기업은 회사의 핵심 인재에게 예술 교육을 시키고, 갤러리에서 토론하는 일 등을 적극 권장한다. 또한 각 나라에서도 창의적 인재 양성을 위해 예술 교육에 많은 노력을 쏟아붓고 있다.

미국 버락 오바마Barack Obama 대통령은 재임 시절 '위기에 봉착한 미국 사회의 당면 문제를 극복해야 한다'라는 취지로 예술 지원에 관한 지원과 성명을 발표했다. 영국 정부 역시 창의적 디지털 산업의 활성화를 위해 예술 교육의 중요성을 강조했고, 러시아 교육부 또한 '국가의 창조적 잠재력 개발'을 위해 적지 않은 교육 예산을 할당했다. 이제 '예술과 경영'은 더 이상 분리할 수 없는 하나의 차원으로 묶이고 있다.

격 안에 존재하지만, 격에서 이탈하는

한국의 문화적 뿌리를 설명하는 또 하나의 중요한 키워드는 바로 '변격變格'이다. 그 안에는 '예술에서의 멋'에 관한 한국인의 관점이 고스란히 담겨 있다. 흥미로운 것은 이 말 자체에 일정한 모순이 내포돼 있다는 점이다. 일정한 '격格'이라는 것이 기존에 존재하고, 그것으로부터 '변變'이 가미되기 때문이다.

쉽게 말해 변격이란 격에서 완전히 벗어난 변형이 아니고 격에 갇힌 변형도 아닌, '격과 함께하는 변형'이다. 바로 '격'과 '변'이 오묘한 조화를 이루고 있는 상태다.

변격에 대한 설명을 시인 조지훈의 「멋의 연구」를 통해 더욱 자세히 살펴보자. 그에 따르면 멋이란 형식상의 격식을 바탕으로 한다. 즉 멋은 격에 맞아야 한다. 하지만 격식에만 맞는다고 멋이 갖춰지는 것도 아니다. 격식에는 완벽히 맞지만 멋이 없는 예술이나 행위도 있기 때문이다.

따라서 격식에 맞으면서도 격식을 뛰어넘을 때, 즉 격이 맞는 변격, 그리고 변격이면서 격에 제대로 맞을 때 우리는 멋을 느낀다. 조지훈은 이를 '초격미超格美'라고 부르는데 '변격이합격變格而合格', 즉 '격에 들어가서 다시 격에서 나오는 격'을 말한다.[35]

변격의 매력은 자유로우면서도 새로움을 지향하는 데 있다. 관습에 얽매이지 않으면서 늘 새로움을 동경하고, 동경을 위한 창의적 도전도 주저하지 않는다. 그 자유와 파격성은 한국인이 '멋을 느끼는 순간'을 살펴보면 더 깊게 이해할 수 있다.

한국민족문화대백과사전에 따르면, 한국인은 무엇인가 강렬하게 전개된 이후 맞이하는 정적 혹은 정지 상태에서의 멋을 느낀다. 예를 들어 가야금 연주에서는 선을 강하게 튕기면서 연주를 할 때보다 연주가 정지된 상태에서 흘러나오는 소리에서 멋을 느낀다.

또 한 가지, 조금 어긋난 데서 오는 멋도 발견할 줄 안다. 이를 두고 민속학자이자 국문학자 정병욱은 멋은 조화를 기저로 '원상原狀에서 약간의 변화를 줬을 때 느껴지는 일종의 미의식'이라고 말했다.[36] 즉 한국적 미는 원형을 벗어나서 파격성을 띨 때 가장 확실하게 보인다는 의미다. 한국의 사물놀이가 매우 자유롭고 파격적인 형태의 즉흥적 흐름이 많다는 점, 그리고 마당놀이가 진지한 상황에서 파격적인 익살과 해학을 터뜨린다는 점이 이를 증명한다.

건축 기법에서도 '파격'이라고 할 만한 모습이 여럿 존재한다. 조선의 궁궐 중 가장 아름답다고 알려진 경복궁에도 여러 가지 파격이 숨겨져 있다. 근정전 앞의 돌은 자연석을 사용해 모양이 각양각색이다. 울퉁불퉁한 돌을 보고 있으면, 왕이 서 있는 장소에 어울리지 않는다는 느낌을 지울 수 없다.

가장 재미있는 것은 경복궁으로 들어가는 다리인 금천교에 있는 천록의 모습이다. 사악한 것을 막아주는 역할을 하는 천록치고 모양새가 익살스럽다. 궁을 지켜주는 존재라고 하면 힘이 강하게 보이거나 무섭게 만드는 것이 보통인데, 경복궁의 수호신은 다르다.

건축에서의 파격은 한옥의 그레질에서도 나타난다. 그레질이란 기둥을 초석 위에 세우기 위해 기둥 밑면을 초석 윗면에 잘 맞춰 다듬는 공법으로, 기초를 다지는 돌을 인공석이 아니라 자연석을 사용하기에 그만큼 공사가 까다롭다. 한국에서만 나타나는 공법은 아니지만 자연스러운 멋을 간직한 한국 건축에 유독 많이 나타나며 삼국 시대부터 존재했다고 한다. 경주 불국사 건물의 기초도 자연석으로 만들어졌다. 보기에는 엉성해 보여도 지진에 무엇보다 강한 것이 장점이다.

영혼을 뒤흔든 충격

변격의 미 혹은 파격은 경영에 적용돼 주어진 현실에 안주하지 않는 새로운 도전 정신, 기존의 관습을 뛰어넘으려는 창의적 시도로 나타난다. 앞서 언급했던 현대 정주영 회장과 삼성 이병철 회장이 만들어낸 두 장면은 파격의 정점이라고 볼 수 있다.

그러나 몇 가지 사례로 한국식 경영의 파격성을 객관화해서 증명하기는 쉽지 않다. 이와 관련된 글로벌 평가 지수가 있는 것도 아니기 때문이다. 하지만 파격의 격차는 의외로 간단한 데서 드러난다. 한때 한국에 비해 훨씬 앞서갔던 일본과 '조직 경직성organizational rigidity'을 놓고 비교하는 것으로 한국식 경영이 가진 파격성을 확인할 수 있다.

한때 일본 기업은 자부심을 느끼는 정도가 아니라, 그 자부심이 차고 넘치는 시대를 경험했다. 1979년 미국 하버드대 에즈라 보걸Ezra Vogel 교수가 지은 책 『세계 제일 일본Japan as Number One』이 그 진원지였다.[37]

'일본이 세계 초대국'이라는 책 내용과 '21세기는 일본의 시대가 될 것'이라는 일부 미래학자의 예측은 일본의 자부심을 한껏 올려줬다. 이런 주장은 실제 팩트에 기반하고 있었다.

일본은 '가전 왕국'이라는 타이틀로 전 세계 전자 산업의 선봉에 있었으며, 반도체 역시 세계 시장 점유율 80퍼센트라는 압도적 장악력을 지니고 있었다. 심지어 1989년 전 세계 기업 시가총액 순위에서 상위 20개사 중 무려 14개가 일본 기업이었다.

하지만 일본 기업의 전성기도 영원하지는 않았다. 30년이 흐른 2019년, 일본 기업은 순위에 단 하나도 들지 못했다. 대신 그 자리는 삼성이 차지했다.

일본 기업의 몰락 원인은 다양한 분석이 가능하다. 그중 가장 큰 것이 파격성의 정반대인 '경직성'이다. 파나소닉과 샤프 등의 기업은 2000년대에 들어 이미 인터넷 시대로의 변화가 예견됐음에도 TV 시장의 활황을 예견하며 제조 공정에 대대적인 투자를 했다. 큰 변화가 일어나지 않을 것이라는 막연한 믿음, 혹은 경직성이 변화를 가로막았다.

삼성과 LG가 신흥국 가전 시장으로 진출하며 새로운 영역을 개척하고 있을 때도 일본 기업의 태도는 변하지 않았다. 그들은 '결국 세계 최고인 우리 기술을 따라올 것이다'라는 경직된 태도로 생각을 고수했다. 이에 대해 일본의 경제 전문가조차도 '일본은 자신을 고집하고 새로운 도전을 하지 않으면서 고립됐다'는 평가를 하기도 했다.[38]

그 결과 2009년에 이미 삼성전자의 수익은 일본 상위 아홉 개 전자 회사의 총수익을 합친 것보다 더욱 많았다. 한국을 그다지 경계하지 않았고 심지어 무시했던 그들에게는 '영혼까지 뒤흔드는 충격'이었을 것이다.

일본 기업의 경직성은 지금도 여전하다. 한 프랑스 기업의 일본 법인 지사장은 최근 국내 언론과의 인터뷰에서 일본 기업은 외국으로 인수되느니 차라리 망하는 것을 택할 가능성이 크다고 말하기까지 했다.[39] 일본 기업이 지금도 얼마나 경직돼 있는지 느낄 수 있는 대목이다.

물론 일본 기업은 첨단 소재, 부품, 기계 산업에서는 여전히 높은 경쟁력을 유지하고 있다. 카이젠의 정신과 장기 성과를 중시하는 문화는 이런 산업에서 일본 기업이 지속적인 경쟁 우위를 갖도록 만들었다. 하지만 일본의 조직 경직성이 가져온 위기는 분명 무시할 성질의 것은 아니다.

한국 청년의 변과 격

일본의 경직성은 금융 산업에서도 여실히 드러난다. 일본의 주요 도시는 장기적으로 '금융 허브'를 꿈꾸면서도 발상의 전환을 이루지 못한 채 제자리에 머물러 있다. 이런 평가는 프랑스 《르 피가로》의 도쿄 특파원 레지스 아르노가 일본 경제지 《도요게이자이》에 쓴 칼럼에서도 찾아볼 수 있다.

아르노는 발상의 전환에 소극적인 일본인이 자본소득에 대한 중과세 문제 등을 해결하려는 구체적인 노력이 없자, 글로벌 금융기관들이 일본을 떠나 싱가포르나 한국으로 거점을 옮기고 있다고 지적한다.[40]

일본 기업의 폐쇄성과 경직성은 기업 담당자의 태도에도 고스란히 나타난다. 2017년 조사에서 한국 청년을 찾는 일본 기업은 과거에 비해 무려 네 배나 늘어났으며, 이 같은 경향은 현재까지도 이어지고 있다. 그들이 한국 청년을 선호하는 이유로

는 일에 대한 의욕과 도전 정신, 조직 문화에 대한 이해와 뛰어난 적응력이 손꼽힌다.[41]

'격'이라는 틀 안에서 있으면서 동시에 '변'을 추구하는 '변격의 미'가 한국 청년의 취업 동향에서도 나타나고 있는 것이다. 일종의 '격'이라고 볼 수 있는 일본 회사의 조직 논리에 충분히 적응하면서 열정과 도전 정신이라는 '변'도 훌륭하게 소화한 결과다.

이와 관련해 일본의 예술에는 '변격'의 미가 아닌 전혀 다른 '경직'의 문화가 자리 잡고 있다는 점은 흥미롭다. 일본의 고대 가요는 앞서 언급했던 한국의 판소리나 멋과는 다른 관점을 지니고 있다.

일본의 경우 스승의 음악에 충실해야 하며, 만약 제자가 자신만의 개인성과 독자성을 추구하면 유파에서 살아남지 못하고 퇴출된다. 뿐만 아니라 즉흥 연주를 매우 싫어하고 정해진 그대로의 연주를 고수한다. 전통을 잇는 견고한 자세지만, 틀에서 벗어나기 매우 어려운 문화다.

일본 기업이 경직성으로 어려움을 겪고 있던 시기는, 한국 기업에 역전의 기회였다. 삼성 이병철 회장과 현대 정주영 회장의 도전과 파격성을 시작으로 수많은 경영자의 노력이 더해진 결과, 오늘날 한국 기업의 위상은 세계적으로 높아졌다. 물론 한국 기업 또한 앞으로 유연한 조직 문화를 더욱 확장해야 할 테지만, 유연함의 원천에서만큼은 일본과 비교하기 힘들다.

문화의 뿌리가 되는 한 나라의 DNA는 당사자가 그것을 인식하든 못 하든 작동한다. 그런 점에서 한국식 경영의 진화와 한국 청년에 대한 일본 기업의 선호는 아주 오래전, 한국 문화의 탄생과 함께 예견됐으며 그 본질이 변하지 않는 한, 앞으로도 계속 이어질 것으로 보인다.

극한의 강박으로
완벽을 추구하다

일본 교토대 오구라 기조小倉紀藏 교수는『한국은 하나의 철학이다』에서 한국인의 특성을 '도덕적 완벽성에 대한 강박'으로 표현했다. 그는 한국을 '오직 하나의 완전무결한 도덕, 이理로 모든 것이 수렴된다는 원칙이 여전히 작동하는 사회'라고 정의하며, 한국인이 매우 다이내믹하고, 때로는 투쟁적인 이유가 바로 여기에 있다고 말했다.[42]

한국 사회를 관통하는 문화적 특질로 '강박'을 뽑아낸 그의 시선은 매우 독특하다. 하지만 한국인의 강박을 도덕적 완벽성에서만 찾는 것은 충분하지 않다. 무엇이든 '극한의 수준'으로 밀어붙여 그것을 성취해내는 저력 또한 빼놓아서는 안 된다.

전 세계에 있는 대부분의 기업은 보통 일정한 완벽성을 추구한다. 그 어떤 소비자도 부실한 제품과 서비스를 원하지 않기 때문이다. 그런데 이와 같은 완벽주의가 오랜 문화적 뿌리와 철학을 토대로 생성된 나라는 많지 않다. 완벽에 대한 한국인의 인식은 기업의 사례에서 쉽게 찾아볼 수 있다.

오늘의 삼성을 만들어낸 것은 완벽주의였다. 1993년 이건희 회장의 '신경영 선언' 이후 삼성의 완벽주의는 본격적으로 시작됐다. 당시 삼성전자에서는 불량품이 생기면 해당 라인 전부를 세운 후 불량의 원인이 해결될 때까지 다시 제조하지 않는 '라인 스톱line-stop' 제도를 운영했으며, 불량 제품의 화형식도 했다.

일본 자동차 기업인 도요타에서 시작된 라인 스톱 제도는 작업자가 생산 공정에 문제를 발견하면, 전체 공정을 멈추고 불량 요인을 제거한 뒤 다시 공정을 재가동하는 방식이다. 이런 제도를 시행했다는 것은 삼성전자가 양적 확대보다는 질적 향상에 가치를 둔 것을 의미했다. 그렇게 삼성은 훗날 '완벽'의 대명사가 됐다.

2011년부터 5년 동안 삼성전자 LED 칩 개발 분야에서, 이후 아마존에서 근무했던 경험을 바탕으로 『삼성인, 아마조니언 되다』를 쓴 저자 김태강의 이야기도 흥미롭다. 그는 한 언론사와의 인터뷰에서 두 기업의 대표 이미지로 삼성은 '완벽', 아마존은 '효율'을 꼽았다. 제조업에서는 불량 없는 제품 생산이 중요한 만큼, 삼성전자는 프로세스에서 완벽을 추구했다고 회고했다.[43]

삼성과 함께 세계 일류 기업으로 꼽히는 LG도 '품질 완벽주의'를 강조한다. 이는 실제 시장에서 일본 제품을 압도하는 성과를 가져오기도 했다.

2020년 1월, 미국에서 열린 세계 최대 전자 전시회 'CES Consumer Electronics Show 2020'에서 일본 기업 샤프는 LG전자에 이어 세계에서 두 번째로 '롤러블 TV'를 공개했다. 하지만 정작 출시된 제품의 디스플레이에 줄이 보이고 화면도 평평하지 못하는 등 국제적인 조롱거리가 되고 말았다. 전통적으로 완벽을 추구한다고 여겨지는 일본이지만, 이런 상황은 완벽주의라는 말이 어울리지 않는다.

사실 한국의 완벽주의는 기업의 측면에서만 작동하지 않는다. 한국인은 각자 완벽을 추구한다. 한국외국어대 박희권 석좌

교수는 한 칼럼에서 오랜 친구인 서양 외교관이 한국 근무를 마치고 귀국하면서 남긴 말을 인용한다.[44]

> 한국은 유례없을 정도로 완벽을 추구하는 나라다.

외국인의 눈에 비친 한국인의 완벽주의는 일상의 곳곳에 존재한다. 2011년부터 주한 영국대사관에서 일했던 콜린 그레이는 2013년 국내 언론의 한 칼럼에서 한국인의 완벽주의에 대해 이야기했다.

손에 꼽히는 글로벌 기업에 합격했음에도, 학점 평점을 조금 더 올리려고 한 과목 재수강을 위해 학교를 더 다니겠다는 인턴. 최고의 기업에 들어갈 수 있는데도 더 많은 것을 원하는 모습을 보며 그는 놀라움을 금치 못했다.

출장에서 돌아오는 길에 인천국제공항에 붙은 포스터 두 개 또한 그의 눈을 사로잡았다. 2년 연속 세계 최고 면세점을 보유했다는 포스터 옆에는 7년 연속 세계 최고 공항으로 선정됐다는 포스터가 자랑스럽게 붙어 있었다. 그는 인천공항의 시설과 안전이 우수하다는 점에는 동의하지만, 항상 1등이 돼야 하고 항상 완벽해야 한다는 엄청난 압박감이 은연중에 드러난 것 같

다고 생각했다.[45]

한국인의 완벽에 대한 강박은 과연 언제부터 시작된 것일까? 시점을 특정할 수는 없지만 현대에 들어서 생긴 것이 아니라는 점만은 분명하다. 한국인의 강박은 역사 속에서 매우 일찌감치 예고돼 있었다.

불량률 0.0003퍼센트의 기적

위대한 명승고적을 품은 경주는 누구나 한 번쯤 방문했을 만한 도시다. 특히 〈석굴암〉의 본존불은 전체적인 비례와 세밀함, 어느 것 하나 놓치지 않은 정교함으로 유명한 문화유산이다. 중국 불상 대부분이 만들기에 용이한 석회암을 사용한 것과 달리, 딱딱한 화강암을 사용해 이 정도의 세밀함을 표현했다는 점은 전 세계적으로도 사례를 찾아보기 어렵다.

이를 두고 화강암이 비교적 구하기 용이했다는 환경적 조건을 이유로 들 수도 있지만, 만드는 사람 입장에서는 재료의 특성을 몰랐을 리 만무하다. 신라인은 표현이 쉬운 석회암 대신 화강암을 의도적으로 선택해 더욱 극한의 아름다움을 구현했던 것이다.

또한 〈석굴암〉은 습기와 안개를 거의 완벽하게 차단해 내부의 쾌적함을 천년이 넘는 세월 동안 유지했다. 전 세계적으로 비슷한 사례를 찾을 수 없는 천장 구축법도 감탄을 자아낸다. 완벽에 대한 강박 없이 이 정도의 문화유산을 만들기는 불가능에 가깝다.

또 다른 강박의 증거도 있다. 바로 〈팔만대장경〉이다. 고려 현종 때 만든 〈초조대장경판〉이 원나라와의 전쟁 때 소실되자, 고려 고종 때 다시 만들어진 〈팔만대장경〉은 이름에서도 알 수 있듯이 판수가 8만여 개다.

하나의 판에는 평균 644자가 새겨져 있고, 전체가 8만 1258개이므로, 새겨진 글자 수는 5233만 152개다.[46] 모든 글자의 서체가 동일하고, 오자가 단 158자에 불과하다는 점은 더욱 놀랍다.[47] 글자 하나하나를 제품으로 간주한다면 불량률 0.0003퍼센트인 셈이다.

기업 경영 전략 중에는 품질 관리와 관련해 6시그마six sigma라는 개념이 있다. 백만 개 중 두 개 이하의 오류를 목표로 불량률 0.0002퍼센트를 추구하는 혁신 전략이다. 물론 현실적으로 이 정도의 불량률은 달성이 거의 불가능하다. 여기에는 도전적인 목표 설정을 통해 불량률을 대폭 줄이고자 하는 의도가 깔려 있다. 그러나 이미 800여 년 전 고려인은 6시그마 품질 관리 수준에 도달해 있었다. 강박이 아니고는 설명이 어렵다.

강박의 흔적은 『조선왕조실록』에서도 찾아볼 수 있다. 실록이란 왕권의 견제를 목적으로 매일 일기처럼 작성된 만큼, 그 내용이 상당히 자세하고 성실하게 기록돼 있다. 조선의 시작과 끝을 이처럼 기록했다는 점에서도, 왕이 그 내용에 간섭하기 어려웠다는 점에서도 완벽한 객관성과 사실성을 추구하고자 했던 강박을 엿볼 수 있다.

물론 이런 강박이 부정적 영향을 끼친 사례도 있다. 가장 대표적으로는 조선 시대의 당쟁을 예로 들 수 있다. 당쟁이 어느 정도 필요하다고 해도, 당시의 당쟁은 불필요할 정도로 극심해 국가와 국민에게 좋지 못한 영향을 끼쳤다. 하지만 이를 제외하고는 놀라운 문화유산을 남긴 정신으로서 역할을 했다.

이처럼 한국인이 갖고 있는 강박은 때로는 부정적 결과를 만들어내기도 했지만 한국인의 뿌리에 내재돼 한국식 경영에서 군불과 같은 꾸준한 힘으로 작용했다. '빨리빨리' '평등 지향' '일류병' '일 중독' 모두 강박에 속한다는 점에서, 이를 잘 활용하기만 하면 다음 세대의 한국식 경영을 위한 충분한 동력으로 활용할 수 있을 것이다.

특히 새로운 세대가 원하는 자율, 공정한 보상, 삶과 일의 균형, 새로움, 공감, 협업, 사회적 가치 등에서 보다 완벽을 추구해 나간다면, 기업 활동뿐만 아니라 한국 사회 전체가 보다 높은 수준에 도달할 수 있을 것이다.

유연하게 변화해 한계를 넘다

'현지화'는 글로벌 기업에는 사활이 걸린 주제다. 아무리 뛰어난 성능과 디자인을 갖춘 제품을 만들어도 문화, 생각, 관습이 다른 나라로 진입하기 위해서는 반드시 현지화의 과정을 거쳐야 한다. 하지만 현지화라는 것은 말만큼 쉽지 않다. 글로벌 기업인 세계 최대 유통 업체 월마트, 까르푸도 한국에서만큼은 일찌감치 철수하고 말았다.

이를 두고 당시 언론은 '한국 시장의 폐쇄성'을 지적하기도 했지만, 한국에서 무난하게 실적을 올리는 외국 기업도 적지 않다. 결국 원인은 한국 시장이 아니라 현지화에 실패한 기업에서 찾아야 한다.

한편 한국 기업은 해외 시장에서 꽤 성공적으로 현지화를 이뤄냈다. 삼성, LG, 대우 등이 해왔던 현지화 전략은 혀를 내두를 정도다. 그런데 여기에도 한국 문화의 뿌리가 담겨 있다면 어떨까? 바로 한복과 한옥에서 보이는 소통의 정서, 그리고 유연함과 배려의 태도다.

세계 어디에도 없는 한복의 정신

일본 학자 스미모토 마사토시는 치마와 저고리로 대표되는 한복은 세계 전통 의복 중에서도 독특한 존재로, 2000년에 이르는 긴 시간 동안 이처럼 일관되게 민족 복식이 지켜진 예는 없다고 말했다. 한복이 지닌 위대한 가치에 높은 찬사를 보낸 것이다.

사실 한복의 독특함은 제작 정신과 철학을 살펴보면 더 놀라울 수밖에 없다. 한복의 가장 큰 특징은 바로 '개성에 따른 변형'이 가능하다는 것, 그리고 '유연성과 배려를 극대화'했다는 점이다.

3차원적인 사람의 몸과 달리, 한복은 2차원으로 구성돼 있다. 바닥에 쫙 펴서 놓고 보면 보자기 형태의 평면적인 모습이다. 이는 곧 입는 사람의 몸에 따라 서로 다른 선이 생겨난다는 의미다.

정해진 모습대로 똑같이 입는 것이 아니라 큰 틀만 정해졌을 뿐 각자의 '개성'이 반영된다고 볼 수 있다. 평평한 2차원의 원단이 착용자의 실루엣에 맞춰 풍성한 곡선을 만들어내는 것이다. 한마디로 한복은 형식에서 벗어나, 개성을 최대로 발현하는 변형의 미를 담고 있다고 할 수 있다.

또한 한복 바지는 넉넉한 여분을 줘서 편안한 일상생활이 가능하도록 제작됐다. 평소 편안하게 생활할 때는 대님을 느슨히 묶었다가도, 신체 활동을 많이 해야 할 때에는 꽉 묶을 수 있다. 어떤 상황에도 '유연'하게 대처할 수 있도록 만들어졌다는 이야기다.

특히 고쟁이 같은 특별한 속옷에는 '배려'의 정신이 담겨 있다. 더운 여름에 결혼을 하는 신부는 치마저고리 위에 결혼 예복까지 입어야 한다. 이처럼 더운 날씨 탓에 지치기 쉬운 신부를 위해 설계된 것이 복부가 뚫린 모양의 특별한 고쟁이다. 착용자의 어려움을 먼저 알아채고 통풍과 발열을 조절하려 한 지혜와 배려가 담겨 있다고 할 수 있다.[48]

한옥에서 또한 '소통'이라는 키워드를 찾을 수 있다. 한옥은 담으로 외부와 내부를 구별하지만 발끝을 들면 외부에서는 내부를, 내부에서는 외부를 볼 수 있을 만큼 높이가 높지 않다. 물론 왕이 거처하는 궁이나 직위가 높은 관리가 사는 기와집에서는 높은 담을 사용하는 경우도 종종 있다. 이를 제외한 대부분의 한옥은 내외부를 구분하지만 서로 소통할 수 있는 통로의 의미를 내포한다.

안채와 사랑채 등 내부의 독립적 건물 사이의 마당은 각각을 나누는 공간이면서, 동시에 소통을 이끌어내는 공간이기도 하다. 각 건물 안에서도 마루는 은밀하고 사적인 공간인 방을 소통으로 잇는 장소로 역할한다.

특히 한옥은 창문을 들어 올리는 구조로 언제든 방 안과 밖이 하나가 될 수 있다. 창문이라는 틀을 통해 외부를 보는 것이 아니라 필요에 따라 완전한 하나의 공간이 된다. 안방이라는 폐쇄적 공간도 갖추고 있으면서, 마당, 마루, 낮은 담을 통해 열린 소통도 가능한 구조다.

한복이 만들어내는 다양한 곡선의 개성, 상황에 따라 풀고 묶을 수 있는 유연함, 통풍과 발열을 조절하기 위한 배려, 그리고 서로 이어져 있는 한옥의 소통까지, 전통문화에 담긴 한국인의 정신은 시간이 지나도 변함없는 소중한 지적 자산이다.

취향과 개성이 담긴 현지화 전략

한복과 한옥에 담긴 철학에는 한국 기업의 현지화 전략과 맥이 닿는 부분이 존재한다. 현지인의 취향과 개성을 오롯이 존중하는 자세, 현지 환경과 상황에 맞는 유연과 배려의 정신, 그리고 폐쇄하지 않으면서 개방하는 소통의 태도 모두 현지화를 위해 필수적인 요소다.

해외 개척 시장 초기에 맹활약했던 대우일렉트로닉스는 이런 정신과 꼭 닮은 여러 전략으로 현지화에 성공했다. 대우일렉트로닉스는 2010년 초, 페루 시장에 세탁기를 내놓으면서 페루 전통의 나스카 문양을 새겨 넣고,[49] 그들이 좋아하는 자주색과 같은 화려한 컬러를 적극 도입했다. 현지에서는 '너무 과하다'는 의견이 나오기도 했지만, 페루인의 취향을 적극 존중하기 위해 과감한 시도를 이어나갔다. 그 결과 출시 한 달 만에 페루 시장 세탁기 부문에서 3위로 등극했다.

또한 강한 햇볕 때문에 탈수 기능이 특별히 필요 없는 멕시코에서는 기존의 세탁기에서 탈수 기능을 빼고 가격을 낮춘 중저가 세탁기를 내놓았다. 대우일렉트로닉스 세탁기의 시장 점유율은 점점 더 커졌다. 한편 쥐가 많은 베트남에서는 드럼 세탁기 하부에 쥐를 방지할 수 있는 패널을 달았고, 가사 도우미가 음식을 훔쳐가는 일이 빈번했던 중동 지역의 사용자를 위해서는 자물쇠가 달린 냉장고를 출시해 인기를 끌기도 했다.[50]

삼성전자와 LG전자의 현지화 전략도 기가 막히다. 삼성전자는 초기 갤럭시의 일본 시장 진출 시 일본인의 자국 제품 선호 심리를 반영해 '삼성'이라는 로고를 넣지 않고 '갤럭시'만 표시하기도 했다. 또한 오토바이를 많이 타는 인도인의 특성을 고려해, 운전 중일 때 상대방에게 '운전 중'이라고 표시하는 'S-바이크 모드'를 별도로 탑재했다.

LG전자는 향신료를 많이 쓰는 인도인을 배려해 냉장고 문에 별도로 장착되는 '스파이스 박스'를 만들어 보관할 수 있도록 했으며, 이를 통해 향신료 냄새가 냉장고에서 다른 음식과 섞이지 않도록 했다. 이 냉장고 역시 인도에서 기록적인 판매고를 올렸다. 이외에도 한국 기업의 현지화 전략은 전부 나열할 수 없을 정도로 많다.

이와 같은 현지화 전략은 한국인이 애초부터 매우 유연한 성향을 지니고 있다는 것을 말해준다. 극단의 모순을 모두 수용하는 한국인의 특성 자체가 이미 유연함의 극치인 것이다. 앞서 이야기했듯이 옷을 만들 때도, 집을 지을 때도 한국인은 한쪽으로 치우친 채로 '정형화된 것'을 강요하지 않았다. 급할 때와 급하지 않을 때 모두를 수용하면서, 폐쇄적이면서도 개방적인 면을 동시에 추구했으며, 개개인의 성향을 우격다짐으로 틀에 맞추려고 하지 않았다.

결국 유연함의 문화적 뿌리는 한국 기업의 경쟁력을 만들었다. 이런 정신이 계속되는 한 글로벌 시장에서 한국 기업은 끊임없이 변화를 추구하며 시장을 주도할 것이다.

PART 3

기업이 맞이할 미래 경영의 변화

미래의 경영 환경은 지금보다 더 복잡하고 다양하고 모호해질 것이며, 불확실성도 점차 커질 것이다. 이런 상황에서는 단일한 목표를 일관적이고 성실하게 수행하는 것으로는 부족하다. 시시각각 변하는 환경에 따라 다양하면서도 대립적일 수 있는 목표에도 유연히 대처할 수 있어야 한다. 상충되는 목표를 추구하는 '모순'은 이제 경영 환경의 핵심이 될 것이며, 적절한 대응 여부가 기업의 미래 성과를 결정할 것이다. 그런 의미에서 이제까지 한국 경제를 이끌어왔던 모순의 여러 문제, 그리고 문제의 원인을 살펴보는 일은 현재를 보완하는 것에서 더 나아가 새로운 미래를 향한 출발을 기약한다.

'새 술'은 '새 포대'에

이제까지의 한국은 패스트 팔로워 전략으로 커다란 성공을 이뤘다. 선진국의 뒤를 따라간다는 전략의 특성상 한계도 있었지만, 분명 충분한 성과도 거뒀다. 하지만 이제는 방법을 바꿀 때가 왔다.

중국은 모방의 전략을 추구하며 한국을 빠르게 따라잡고 있다. 이대로라면 한국 기업이 일본 기업을 따라잡았듯이, 중국 기업도 곧 한국 기업과 같은 선상에서 경쟁할 것이다. 그리고 어쩌면 중국이 선두로 치고 나가는 장면을 마주하게 될지도 모른다. 한국 기업이 지금의 위치를 지키기 위해서는 다른 방식의 경쟁이 필요하다.

수명이 다한 패스트 팔로워 전략

한국의 패스트 팔로워 전략은 처음부터 전망이 좋았다. 골드만삭스가 2005년 발표한 보고서에 따르면, 한국의 성장 잠재력 지수GES, Growth Environment Score는 6.9로 상위 유럽과 북미 선진국 다음으로 높은 17위였다. 또한 2050년 한국의 1인당 GDP는 미국 다음으로 높은 세계 2위 수준일 것이라 전망되기도 했다. 보고서에서 밝힌 한국의 1인당 GDP 예측은 2005년 1만 6741달러, 2010년 2만 6028달러, 2025년 5만 1923달러, 2050년 8만 1462달러에 이르렀다.[51]

당시 보고서의 예측을 얼마나 많은 사람이 믿었을까? 이상적인 해외 모델 기업을 목표로 노력했던 한국 기업은 지금 어떤 모습으로 성장했을까? 골드만삭스의 보고서가 발표된 지 15년이 넘은 지금, 한국 기업은 높은 경쟁력을 자랑한다.

한국은 현재 기술과 자본 중심의 제조업 분야에서 이미 일본을 넘어섰으며, 이제는 중국을 비롯한 아시아 국가의 선망을 한 몸에 받는 위치에 섰다. 《니혼게이자이신문》이 발표한 '2019년 주요 상품·서비스 점유율 조사'에 따르면 한국은 총 일곱 가지 분야에서 '글로벌' 1위를 기록했다.

구체적으로 삼성전자는 스마트폰, D램, OLED 패널, 낸드플래시 반도체, 초박형 TV의 다섯 분야에서, LG 디스플레이는 대형 액정 패널, 현대중공업은 조선 분야에서 1위를 차지했다. 2016년 이후 4년 연속 이뤄낸 놀라운 성과였다.

일본 역시 소니의 CMOSComplementary Metal-Oxide Semiconductor 이미지 센서, 혼다의 전기 이륜차, 캐논의 디지털 카메라 등 일곱 가지 분야에서 1위에 올랐지만, 《니혼게이자이신문》이 2006년부터 조사해온 이래로 세계 1위를 기록한 분야 수에서 한국과 일본이 동점을 기록한 것은 처음이었다. 한국은 일본과 중국 사이에서 고전할 수 있는 상황에서도 선전했다고 볼 수 있다.

문제는 일본이 세계 1위 자리를 중국과 미국에 빼앗겼던 것처럼, 이제는 한국도 중국에 빠르게 추격당하고 있다는 점이다. 2012년까지만 해도 한국보다 1위 상품이 적었던 중국은 화웨이의 휴대전화 통신 기지국, 레노보의 개인용 컴퓨터, 하이크비전의 감시 카메라 등의 분야에서 세계 1위를 차지했으며 일본을 제치고 종합 2위에 올랐다.

심지어 스마트폰 시장에서는 중국 화웨이가 2020년 2분기에 처음으로 삼성전자를 제치고 세계 1위에 오르기도 했다. 또한 대형 액정 패널 점유율 역시 과거 9퍼센트 차이에서 3.3퍼센트

포인트까지 좁혀졌다. 이는 결과적으로 한국의 전략이 그 힘을 다해가고 있다는 징후다. 이제 더 이상 과거의 패스트 팔로워 전략만으로는 선두를 지키기 힘든 것이다.[52]

유연함에서 찾은 차별화 전략

이제 글로벌 경쟁 시장에서는 싸고 좋은 제품만으로는 승부를 보기 어렵다. 새로운 차별화 전략을 통해 유일무이한 제품으로 고객의 마음을 사로잡아야 한다. 즉 차별화의 근원을 '고유성'에 둬야 한다. 한국 기업만이 지닌 고유한 상품과 서비스를 통해 소비자의 마음에 다가서야 한다.

이때 필요한 것이 바로 '모순 경영'의 힘이다. 모순의 개념 자체가 4차 산업혁명 시대의 환경을 특징짓는 'VUCA'와 밀접히 연관돼 있기 때문이다. 'VUCA'란 구체적으로 다음을 말한다.

- 변동성: Volatility
- 불확실성: Uncertainty
- 복잡성: Complexity
- 모호성: Ambiguity

앞으로 펼쳐질 VUCA 시대에는 하나로 특정할 수 없는 변화가 다양하게 일어날 것이며, 복잡하고 모호한 요소가 서로 어우러질 것이다. 이런 환경에서는 선형적 사고만으로는 대응이 어렵다. 환경의 변동성이 크기 때문에 현재의 환경 분석으로는 미래의 환경을 예측할 수 없다. 예측 자체가 불확실하다. 성공이나 실패의 인과관계를 파악하는 것조차 모호하다.

결국 기업 입장에서도 정확한 방향 설정을 통해 조직원의 행동을 일관되게 이끌어내는 것이 어렵고, 또 이끌어낸다고 해도 좋은 결과를 가져올지 불확실하다. 따라서 미래의 조직에서 유연성은 빼놓을 수 없는 필수 요건이 될 것이다. 유연함 속의 내재된 모순을 받아들이고 이를 활용해 미래를 대비하는 것은 기업이 꼭 갖춰야 할 차별화 전략이다.

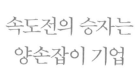

속도전의 승자는
양손잡이 기업

미래를 이야기하는 다양한 키워드 중 '속도'는 결코 빼놓을 수 없는 요소다. 특히 기업에서 변화의 속도가 빠르다는 것은 상당히 중요한 의미다.

2002년 삼성전자 황창규 사장이 말한 '황의 법칙'은 이를 단편적으로 보여주는 개념이다. 황의 법칙이란 한마디로 메모리에 대한 신성장론이다. 18개월마다 반도체의 집적도가 두 배 증가한다는 무어의 법칙을 뛰어넘어, 12개월마다 두 배 증가한다는 것이 주된 내용이다. PC나 모바일 등 반도체 관련 상품이 증가할 것이라는 데 근거를 뒀던 황의 법칙은 20여 년이 흘러, 관련 시장이 더욱 각광받고 있는 현재에도 여전히 회자된다.

제품 수명 주기에 따른 혁신의 과제

속도는 변화를 이야기할 때 가장 핵심적인 부분이다. 제품이 개발되고, 대다수가 사용하기까지 자동차는 84년, 라디오는 33년, TV는 19년이라는 꽤 많은 시간이 필요했다. 인터넷도 일상에 자리 잡기까지 약 10년이 걸렸다.[53]

따라서 이전 시대의 기업은 개발부터 정착에 이르는 시간이 충분했다. 개발과는 별도로 생산을 고도화하거나 개선을 할 수도 있었다. 하지만 4차 산업혁명 시대로 전환되는 지금, 새로운 기술은 단기간에 개발돼 시장에 공개되며 동시에 정착한다.

이처럼 제품 개발부터 대중화까지의 시간은 오늘날 점점 더 줄어들고 있다. 1년 이상은 걸릴 것이라고 예상했던 아마존의 상징적 서비스 '아마존 프라임'은 기획부터 론칭이 단 몇 개월만에 이뤄졌다. 2005년 당시 2주가 넘던 상품 배송 기간은 단 2~3일로 축소됐으며, 배송 시장에는 거대한 지각변동이 일어났다. 덕분에 아마존은 지금까지 1위를 고수하고 있다.

2010년 3월에 출시된 카카오톡은 두 명의 개발자, 한 명의 기획자, 한 명의 디자이너, 단 네 사람이 만들어낸 서비스로 출시까지 고작 두 달이 걸렸다.[54] 그리고 약 1년 뒤 천만 명이 쓰는 국민 앱으로 등극했다. 두 가지 사례처럼 IT 서비스는 이제 속도를 정복하지 않고는 성공하기 어려운 분야가 됐다. 서비스와 제조업도 마찬가지다. 어떤 분야든지 4차 산업을 이끄는 기술과 함께 빠른 속도로 변화하지 못한다면 도태하고 말 것이다.

변화의 속도는 기업의 입장에서 구체적으로 어떤 의미일까? 이를 이해하기 위해 제품 수명 주기 이론에 대해 알아두면 좋다. 제품 수명 주기 이론이란 상품의 도입과 성장, 성숙 그리고 쇠퇴로 이어지는 변화의 단계에 따라 기업에 서로 다른 속성의 활동이 필요하다는 이론이다.

변화의 속도가 느린 경우 기업은 도입기 전에 신제품을 만들고 도입기에 상품을 출시해, 성장기와 성숙기를 통해 시장에서 일정 수준의 이윤을 창출한다. 그리고 쇠퇴기에는 창출한 이윤을 바탕으로 다시 새 제품을 만든다. 따라서 기업은 하나의 제품 수명 주기를 살피고, 그 단계에 따라 적절하게 행동해도 경쟁에서 충분히 승리할 수 있다.

제품을 새롭게 만드는 것을 제품 혁신product innovation이라 하고, 만들어진 제품의 생산을 고도화하는 작업을 공정 혁신process innovation이라고 하는데, 이때는 도입기 이전과 도입기 그리고 쇠퇴기의 제품 혁신 시간과 성장기와 성숙기의 공정 혁신 시간이 분리돼 있다.

하지만 제품이 다양해지고 변화의 속도가 빨라지면서 제품 혁신과 공정 혁신의 시간이 중첩되고 있다. 기업은 중첩된 혁신을 모두 잘 실행해야 하는 상황에 처한 것이다. 이때 두 혁신을 모두 잘 이뤄내는 것은 전통적 개념의 혁신과는 차이가 있다.

제품 혁신이란 새로운 제품을 시장에 창출하는 과정이다. 따라서 유연한 조직 문화와 참여적 리더십을 바탕으로 창의적인 생각을 실험해볼 수 있는 환경이 필요하다.

반면 공정 혁신이란 생산된 제품의 효율성을 고도화하는 작업이다. 일사불란한 조직 문화와 적절한 통제를 바탕으로 정해진 방향을 향해 빠르게 실행하는 환경이 필요하다. 서로 다른 두 환경을 한 기업 내에서 융합해야 하는 것이다.

제품 수명 주기 이론

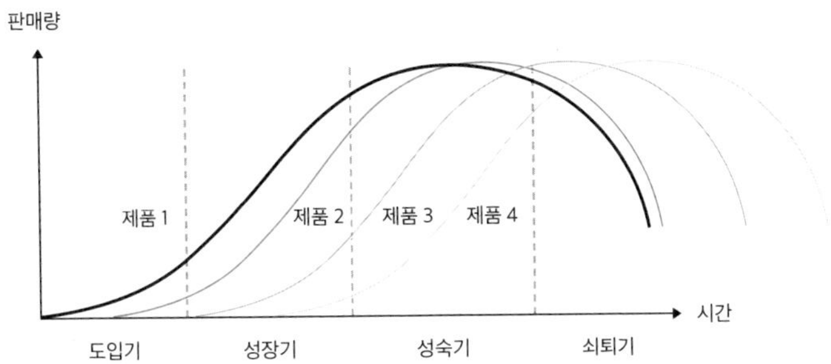

보통 기업은 제품 혁신과 공정 혁신 중 하나의 혁신에 맞는 형태를 가진다. 나라별로 생각해 본다면 미국은 제품 혁신에서 한국이나 일본보다 나은 조직 유형을 갖고 있고, 한국과 일본은 공정 혁신에서 미국보다 나은 조직 유형을 갖고 있다.

일본이 세계 시장에서 선도했던 워크맨이나 TV는 사실 일본에서 가장 먼저 개발된 제품은 아니다. 한국 또한 반도체, 조선, 전자, 자동차 등에서 세계 시장을 선도하고 있지만, 해당 제품을 스스로 처음 만들지는 않았다.

반면 미국은 세계 최초로 새로운 제품이나 영역을 만들어낸 경험이 많은 나라다. 미지의 영역에 대해 오랫동안 준비하면서 서서히 그 영역을 알리고 하나의 산업으로 만들어가는 능력은 가히 탁월하다.

한국 기업의 경우 1970~1980년대 공정 혁신에 초점을 맞춘 전략을 사용했다. 한마디로 비용 절감을 통해 경쟁력을 확보했다. 최대한 신속하게 새로운 기술을 배우고 제품을 양산하는 것을 목표로, 공정을 표준화하고 표준화된 공정을 잘 관리하면서 실수와 하자를 줄이기 위해 노력했다.

이런 환경에서는 실수하지 않고, 성실하게 관리하며, 정해진 방향으로 묵묵히 걸어가면 됐다. 경영진은 기업이 가야 할 방향에 대해 비교적 정확히 알고 있었고, 한국인이 가진 학습 능력과 성실성은 경영진의 요구에 잘 부흥했다.

하지만 이제 한국 기업도 새로운 방향을 설정하거나 주도해야 할 입장이 됐다. 완전히 새로운 제품, 혹은 새로운 산업을 만들어야 하는 상황이 온 것이다.

이야기했듯이 새로운 산업을 만들어내는 것은 창의성을 바탕으로 한다. 창의력은 비판과 토론이 자유로운 문화와 구조에서, 실수를 두려워하지 않는 사람이 더 잘 발휘할 수 있다. 한국 기업은 이런 문화와 구조를 만들고 적합한 인재를 찾기 위해 노력해왔다.

결국 미래에는 제품 혁신과 공정 혁신을 동시에 잘 해낼 수 있는 기업이 주인공이 될 것이다. 경영학에서는 이런 기업을 양손잡이 기업ambidextrous firm이라고 정의하는데, 쉽게 이야기하면 제품 혁신이라는 오른손과 공정 혁신이라는 왼손 모두를 잘 쓰는 기업을 말한다.

양손을 모두 사용할 때 가장 큰 걸림돌은 두 가지 종류의 혁신이 동시에 존재함으로써 오는 긴장감, 즉 모순이다. 제품 혁신과 공정 혁신을 위한 조직 구조, 리더십, 인력의 특성은 서로 매우 상이하다. 이런 상이한 특성을 가진 두 형태를 하나의 울타리 안에 둔다는 것은 그만큼 매우 어렵다.

한국의 많은 기업은 그동안 창의성 고양을 위해 다양한 노력을 해왔다. 직급을 없애는 것, 일하는 시간을 자유롭게 설정하도록 보장하는 것, 자율 복장을 허용하는 것 등이 예다. 이런 변화의 목적은 기존의 것에 얽매이지 않고 창의적인 생각을 자유롭게 표현함으로써, 열린 사고와 원활한 소통을 통해 좋은 제품을 개발하는 데 있다.

하지만 쉽지 않다. 새로운 조직 구조, 문화, 사람은 기업이 기존에 갖고 있던 것과 충돌할 수밖에 없다. 새로운 가치가 중요해질수록, 기존의 기준에 맞춰 행동해오던 구성원은 혼란을 겪고 새로운 가치를 견제하게 된다.

결국 모순을 아우르는 과정은 기업이 한 단계 더 발전하기 위해 반드시 필요한 단계다. 한국 기업이 그 어려움을 극복하고 나아갈 수 있다면 세계 시장에서의 위상도 달라질 것임이 자명하다.

적군이 아군이 되는 협업의 시대

4차 산업혁명은 이제 더 이상 논쟁할 여지가 없는 개념이다. 이미 경영 환경에서는 상징적인 변화가 눈에 띄게 나타나기 시작했다. 이제부터는 표면적인 속도 외에 경영 환경에서 실제 일어나고 있는 변화에 대해 이야기하려 한다. 변화의 근본 속성을 알아봄으로써 미래를 준비할 실질적 대안도 찾을 수 있다.

경쟁과 협력을 선택하는 기업

경영 환경에 생긴 가장 큰 변화는 기술이다. 사물 인터넷Internet of Thing, IoT, 클라우드cloud, 빅데이터big data, 모바일mobile, 인공지능

AI, Artificial Intelligence 등은 4차 산업혁명의 핵심 기술로 꼽힌다. 이와 더불어 물리학, 소재 산업, 생물학 등도 유력한 기술로 언급된다.

사물 인터넷이란 쉽게 말해 사물과 사물 간에 의사소통이 이뤄지는 것이다. 예전에는 독립적으로 존재하던 사물을 서로 연결시켜 조작할 수 있으며, 그 결과물은 데이터를 통해 삶을 보다 편리하고 윤택하게 만든다. 기업의 경우 클라우드 서비스를 통해 경영 활동의 결과물을 일관된 포맷으로 저장할 수 있게 된다. 결국 보다 신속하면서도 일관적으로 기업 활동을 이어갈 수 있는 것이다.

앞으로는 사물 인터넷의 의사소통이 모바일 기술을 통해 더욱 광범위하게 일어날 것으로 보인다. 이에 따라 데이터가 다양하게 축적되면 빅데이터를 생성하고, 이를 처리하고 분석하는 일이 중요해지면서 머신러닝machine learning을 통해 학습 능력이 고도화된 AI가 사람의 영역을 차근차근 대체할 것이다. 사실 현재도 이미 일어나고 있는 일이다.

이와 같은 변화를 추동하는 가장 중요한 요인 중의 하나는 바로 기술의 융합이다. 서로 다른 기술이 조화를 이루면 자연스럽게 새로운 서비스나 상품이 탄생한다. 이런 융합은 기업의 협업과 경쟁을 보다 복잡하게 만든다.

자동차는 이미 차세대 플랫폼의 중심으로 떠올랐다. 이제 자동차는 바퀴 네 개 달린 전자제품으로 개념이 바뀌고 있다. 삼성이나 LG가 자동차 전장 사업에 뛰어든 이유도 이것으로 설명된다. 많은 기업이 이미 자동차 전장에서의 주도권을 잡기 위해 경쟁하고 있다. 한마디로 표준 전쟁의 발발이다. 이제 삼성과 애플은 스마트폰 산업에서는 경쟁하더라도 정장 산업에서는 언제든 협업할 수 있다.

앞으로 더 많은 기술이 융합된다면 핵심 산업 사이의 복잡한 관계를 정의하고 관리하는 일이 기업의 핵심 역량이 될 수 있다. 이제 경쟁과 협업은 상황에 따른 '선택의 문제'이지 결정된 상수가 아니다. 한 기업의 입장에서는 양립할 수 없는 두 목표를 동시에 추구해야 하는 모순적 상황에 처한 것이다.

연결, 성공으로 가는 방법

4차 산업혁명의 핵심 개념 중의 하나인 플랫폼 비즈니스 역시 모순적 상황을 만든다. 플랫폼 비즈니스의 운영 원리는 기존 시장에서의 운영 원리와 많은 차이가 있다. 플랫폼 비즈니스에서는 기존 거래의 조직 원리인 직접적인 계약이나 고용보다는 '연결'이 규범적 근거로 사용된다.

따라서 기업은 연결을 위해 우선 경쟁자를 포함한 다른 기업과 협업을 만들어내야 한다. 기업들이 상호의존관계를 만들어 함께 성공할 수 있는 방안을 찾아내야 하는 것이다.

이런 상황에서는 아군과 적군이 유동적으로 변하게 된다. 적군이던 기업이 아군이 될 수 있고, 아군이던 기업이 적군이 될 수 있다. 기업 입장에서는 또 하나의 모순적 상황이 발생했다고 할 수 있다.

이와 같은 모순을 극복하기 위해서는 작은 목표보다는 큰 목적을 향해 기업을 움직이는 것이 바람직하다. 자동차 산업은 현재 큰 변화를 맞이하고 있다. 가솔린 엔진 중심에서 친환경적인 수소나 전기로의 이동은 이미 시작됐다.

또한 자동차 자체의 변화만큼 자동차 관련 데이터도 변화하고 있다. 자동차 구입 일자, 수리 시기, 이동 거리와 위치에 관한 정보에서부터 결재 시스템까지 모두 하나로 연결되도록 시도 중이다. 즉 자동차와 연결된 하나의 플랫폼을 구현하는 것이다.

기존에 경쟁자였던 개별 자동차 기업도 플랫폼 구축을 위해서는 협업이 필수다. 경쟁 기업보다 많은 성과를 낸다는 작은 목표보다는 연결을 통한 플랫폼 구축을 통해 차세대 자동차 관련 서비스를 제공하려는 목적이 중요하기 때문이다. 그 목적과 맞는 경우는 누구든 협업의 대상이 될 수 있다. 지금 기업의 경영 환경은 거대한 변곡점을 맞이했다.

일에서 의미를 찾는 개인

한국의 집단주의는 근대화 과정에서 큰 역할을 해온 만큼 적지 않은 부작용도 가져왔다. 신속한 의사결정과 과감한 투자, 의욕 넘치는 업무 진행 등은 분명 집단주의의 긍정적인 효과였으나, 그 과정에서 과도하게 상사의 눈치를 보는 문화가 자리 잡기도 했다. 직원 개개인이 자율적으로 일을 처리하기보다는 상사의 의도를 먼저 파악하고, 그 의도에 맞춰 행동하는 모습은 산업화 시대를 지나온 한국 기업의 일반적인 단상이다.

또한 형식적인 보고와 회의 시간이 늘면서 불필요한 야근이 많아진 것도 집단주의의 병폐다. 최근에는 야근을 줄이기 위해 여러 제도와 규칙이 마련됐지만 과중한 업무에 시달리는 경우도 여전히 적지 않다.

하지만 아직 실망하기에는 이르다. 한국인이 지닌 모순의 특성을 살린다면 집단주의의 문제점을 상쇄할 극적인 대안을 분명 찾을 수 있을 것이다.

전문가의 놀이터 만들기

한국 기업의 직장인을 떠올려보자. 전부는 아니지만 대부분 상사의 눈치를 보고, 조직의 목표를 달성하기 위해서라면 자신을 당연히 희생하며, 의사결정 과정에서 상사에게 질문하거나 새로운 대안을 제시하는 것을 꺼려한다. 여기에 카리스마 있는 리더의 말에 복종하고 연공서열에 따라 집단 논리를 우선하기도 한다. 한마디로 한국인의 주체성은 산업화 시대 기업에서 한편으로 밀려나 있었다.

원가 우위 전략이 핵심이었던 시대에 집단주의는 분명 나쁘지 않은 방법이었다. 하지만 이제는 시대가 변했고, 새로운 시대에 개인의 자율성은 매우 중요한 자산으로 여겨진다. 자율성을 통해 개인은 존중과 권한을 부여받고 자신이 진짜 일의 주인이라는 것을 알게 된다. 공동체 속에서 강한 주체성을 발휘하기 위해 자율에 따른 책임을 함께 위임받는 것도 중요하다.

최근 많은 한국 기업에서는 수평적 조직 문화와 관련 제도를 도입하기 위해 노력하고 있다. 직급을 최소화하고 보고 시간을 줄이는 것이 그 예다. 이런 제도의 핵심은 중간관리자가 지금보다 더 자율적인 의사결정을 하는 데 있다.

하지만 불안할 수 있다. 과연 조직이 잘 운영될까 하는 의심이 생긴다. 막상 자율이 주어지면 자율만 누리지 않을까 의문을 품는 것이다.

그러나 한국인은 강한 주체성을 가진 민족이다. 이를 기업이라는 공동체에서 잘 발현하기만 하면 된다. 따라서 스스로 조직의 주인이고 어떤 일을 하든 조직에 도움이 된다는 믿음을 갖는 것이 중요하다. 그리고 자율의 결과를 책임진다면, 즉 결과에 대한 객관적 피드백을 수용한다면 스스로 성장하는 계기로 활용할 수 있다.

전문가의 놀이터는 이를 가장 잘 설명하는 개념이다. 기업은 목적이라는 큰 판, 즉 마당을 만들고 그 마당에서 개인이라는 전문가가 뛰어놀 수 있도록 해주면 된다.

그들이 어떤 행동을 하든 목적과 연계되도록 그들의 마음속에 목적을 심어두면 된다. 직관적이고 단순한 언어로 목적의 울타리를 만들고 책임이라는 피드백 시스템을 잘 구축하면, 구성원 스스로 행동하는 주체가 된다.

한국인의 강한 주체성이 스스로 나아갈 수 있도록 해줄 것이며, 집단주의 성향이 조직의 목적을 보다 쉽게 이해하도록 도와줄 것이다. 한국인, 그들은 집단을 중시하면서도 자신의 자리를 끊임없이 찾아가는 존재이기 때문이다.

수평적 조직 구조, 애자일agile 구조, 자율 경영 어떤 단어를 사용해도 좋다. 이제는 이런 새로운 철학을 요구하는 시대가 됐다. 분업, 위계 구조, 효율성의 개념이 자리 잡기까지 수십 년이 필요했던 것처럼 새로운 경영 철학도 그만큼, 어쩌면 그보다 많은 시간이 필요할지 모른다. 하지만 안주해서는 안 된다. 기업의 생존을 위해 새로운 철학을 끊임없이 시도해야 한다.

기업은 목적과 책임이라는 큰 테두리 안에서 개인에게 과감하게 권한을 위임해야 한다. 스스로 행동하도록 개인주의가 발휘될 수 있는 환경을 더 제공해도 무방하다. 집단주의의 뿌리가 워낙 깊은 한국인의 특성상 개인주의가 더 용인돼도 충분히 균형을 맞출 수 있다. 다른 요소도 비슷한 맥락으로 균형을 잡아갈 수 있다.

이를 위해서는 한국인에게 잠재돼 있는 요소를 파악하고, 그 요소가 어느 쪽으로 더 편향돼 있는지를 먼저 인식해야 한다. 이는 한국인의 주체성을 집단주의 조직 속에서 살려내기 위한 필수 단계다. 치우쳐진 정도를 알아야 균형을 위한 조치도 취할 수 있다.

그리고 또 하나, 이런 인식은 진행형이어야 한다. 매일 세수를 하고 이를 닦으며 하루를 시작하듯 반복적이지만 처음인 것처럼 해나가야 한다.

한국식 야근과 눈치

야근과 눈치 보기는 한국식 집단주의가 만들어내는 대표적인 폐해다. 한국의 야근이 특별한 이유는 제도적으로 금지시켜도 사라지지 않을 것이기 때문이다. 물론 공식적인 야근은 사라질 수도 있다. 하지만 정말로 야근이 사라졌을까 묻는다면 추측컨대 아닐 것이다.

한국 기업에서 일해봤다면 집으로 일을 가져가게 되거나 야근이 다른 방식으로 생길 것이라고 쉽게 예상할 수 있다. 일시적으로는 줄일 수 있겠지만 근원적으로 없애기는 어렵다.

야근의 근본적인 이유는 무엇일까? 일이 절대적으로 많아 야근을 하는 경우도 있지만 다른 이유도 분명 있다.

첫째는 불필요한 일이 산재했을 경우다. 중요하지 않지만 해야 하는 일을 하느라 필요한 일을 밤에 처리하는 것이다. 조사에 따르면 한국 기업의 잘못된 관행 중의 하나로 불필요하고 비생산적인 보고가 31퍼센트, 회의가 39퍼센트로 꼽혔다. 이런 보고와 회의도 야근의 요인이라 할 수 있다.

둘째는 상사에 대한 눈치다. 한마디로 상사가 퇴근하지 않으면 야근을 할 수밖에 없는 상황인 것이다. 이 경우에는 단순히 제도를 바꾼다고 야근 문화가 사라지지 않는다. 근본적인 원인을 개선하거나 제거하지 않으면 문제는 언제든지 다시 나타날 수 있다. 한국 기업의 문제는 이외에도 여러 가지다.[55]

- ▸ 잦은 야근
- ▸ 비효율적·비생산적 회의
- ▸ 형식적·과도한 보고
- ▸ 권위적·복지부동형 리더에 따른 대안 및 비전 부재
- ▸ 중간관리자의 권한 및 역할 상실
- ▸ 연공서열에 따른 나눠 먹기 및 몰아주기식 평가
- ▸ 업무 할당의 편향성

이는 관련 다른 연구 보고서에서도 지속적으로 언급되는 한국 기업의 문제다. 이들은 겉으로 드러난 현상만 보면 얼핏 매우 다른 문제로 보일 수 있다. 따라서 각각을 개선하는 개별적인 제도를 해결책으로 도입할 수 있다. 잦은 야근을 없애기 위한 강제 소등, 컴퓨터 셧 다운 등이 그것이다.

하지만 이런 노력만으로는 근본적인 개혁이 힘들다. 문제의 원인을 깊이 살펴보고 그 사이에 연결된 지점이 무엇인지를 살펴봐야 한다.

잦은 야근은 비효율적·비생산적 회의 및 형식적·과도한 보고가 주된 원인일 수 있다. 따라서 회의가 효율적으로 진행되고 꼭 해야 할 보고만 필요한 사람에게 이뤄지면 상당히 줄어들지 모른다.

하지만 상사의 눈치를 보느라 야근을 하는 경우에는 적절한 해결책이 아니다. 할 일이 다 끝나도 상사가 퇴근하기 전까지 퇴근을 미루기 때문이다.

상사 눈치 보기는 대표적인 집단주의 산물이다. 집단주의 문화에서 개인이 속한 '내집단'의 이익은 개인의 이익보다 우선된다. 따라서 개인의 희생을 통해 내집단의 이익을 달성하는 것은 당연시 여겨진다. 중요한 것은 한국인이 생각하는 집단의 규모가 다른 집단주의가 강한 나라와 다르다는 점이다.

한국적 집단주의에서는 혈연, 지연, 학연에 따른 집단의식이 훨씬 강하다. 이 말은 곧 아는 사람 혹은 더 많이 아는 사람에 대한 연결성이 그렇지 않은 사람보다 훨씬 크다는 것을 의미한다. 조직에서 내가 일하는 부서는 하나의 작은 내집단으로 인식되고, 그 내집단과 조직 내 '외집단' 간의 연결성도 다른 나라보다 클 가능성이 있다. 따라서 상사의 권위가 주는 압력도 다른 나라보다 높을 수 있으며 그만큼 상사의 눈치를 보게 되는 것이다.

한국 조직 문화가 가진 문제는 표면적으로 서로 다른 원인과 해결책이 필요해 보인다. 하지만 그 근원에는 한국적 집단주의와 신뢰 부족이 있다.

신뢰란 한 나라의 고유한 특성이기보다는 사회가 만드는 시스템과 그 시스템에 대한 사회적 합의가 존재하느냐의 문제다. 따라서 사회는 제대로 된 신뢰 시스템을 만들기 위해 지속적인 노력을 해야 하고, 그 과정에서 사회만이 가진 고유한 역사와 문화를 반드시 고려해야 한다.

시대가 변했고, 변하고 있으며, 앞으로는 더 크게 변화할 것이다. 한국 기업도 변해야 한다. 한국인의 근본적 DNA를 모두 없애고, 새로운 DNA를 장착하자는 것이 아니다. 근본적 DNA

한국 기업의 조직 문화 진단

문제	표피적 원인	단기적 해결책	근원적 원인
잦은 야근	비효율적·비생산적 회의 형식적·과도한 보고	강제 소등 컴퓨터 셧 다운	한국적 집단주의 - 상사에 대한 눈치
비효율적·비생산적 회의	일방적 지시 불분명한 목적	회의 제도 변경	한국적 집단주의 - 권위적 의사소통
형식적·과도한 보고	불명확한 지시 불필요한 보고 높은 위계 구조	보고 방식 변경 및 축소	한국적 집단주의 - 신뢰 및 수평 문화 부족
권위적·복지부동형 리더 (중간관리자의 권한 및 역할 상실)	대안 및 비전 부재	업무 분장 개편	한국적 집단주의 - 서열에 따른 상명하복
연공서열에 근거한 평가	불공정한 평가 제도	직무나 직능에 따른 임금 및 평가 제도 구축	한국적 집단주의 - 혈연, 학연, 지연 중시
업무 할당의 편향성	일하는 방식의 차이 (직무 중심 vs. 사람 중심) 20/80 법칙	직무 분석 개선 채용 제도 변화	한국적 집단주의 - 상사에게 주어진 과도한 권한 및 책임

를 새로운 시대에 맞게 재정의하고 현실에서 재현하는 것이 한국 기업의 성공 여부를 가릴 것이다.

한국인의 DNA를 기업 속에서 발현시키기 위해서는 조직 운영에 대한 지식이 필요하다. 조직을 올바른 방향으로 이끌기 위해서는 기업의 목적과 전략이라는 조직의 전체적인 방향 설정과 함께 조직을 구성하는 요소, 그리고 요소의 조직화에 대한 이해가 필요하다.

조직화에 대한 이해가 이뤄지면, 한국인의 장점을 조직화 과정에서 확대시키고, 단점을 최소화할 수 있는 방법도 생각해낼 수 있다. 기업 운영의 조직화가 개념적 배경을 제공하고, 한국인의 DNA가 조직화의 개념을 실제 구현하는 밑 재료가 되는 것이다.

PART 4

경영학으로 풀어본
진화된 모순

한국인의 모순 경영도 이제 시대에 발맞춰 새로운 진화가 필요하다. 산업화 시대의 폭발적인 성장을 견인했던 수준에서 더 나아가 앞으로의 시대에는 질적으로도 달라져야 한다. 과거의 모순은 엄밀한 경영학적 기준에 따라 다듬어지고 적용됐던 것이 아니었다. 그저 한국인의 타고난 DNA에 의존했을 뿐이다. 따라서 새로이 '진화된 모순'은 경영학의 잣대와 기준에 의해 다시 정립된 후, 보다 정교한 조건하에 운영돼야 한다.

권한과 책임이 분명한 집단주의

의사결정 과정에서 상의하달식의 톱다운top-down 경향은 집단주의 특성을 지닌 한국 기업에서 유독 강하게 나타나며, 수직적인 관계 구조를 형성한다. 하지만 앞으로의 경영 환경에서는 보텀업bottom-up 방식이 필수다. 한국 기업에서도 이런 변화에 맞춰 수평적 조직 구조를 도입하는 등 노력을 기울이고 있지만, 근본적인 변화를 위해서는 조직의 구조적인 측면과 더불어 제도와 문화까지 함께 바꿔야 한다.

보텀업 방식의 의사결정 구조와 수평적 조직 구조를 실현하기 위해 가장 필요한 것은 자율이다. 구성원에게 자율이 주어지면 관리자의 존재감이 줄어들 것을 우려할 수도 있지만, 조직원 각자가 자율적인 존재로 서는 것이야말로 리더의 존재감을 더욱 강화시키는 방법이다.

자율과 자유의 명확한 구분

자율은 자유와 분명하게 구분되는 개념이다. 하지만 적지 않은 기업 경영 현장에서는 자율을 자유로 잘못 인식하는 오류를 범한다. 표준국어대사전에서는 자유를 '외부적인 구속이나 무엇에 얽매이지 않고 자기 마음대로 할 수 있는 상태'라고 정의하는 반면, 자율을 '남의 지배나 구속을 받지 않고 스스로의 원칙에 따라 하는 일, 또는 스스로 자신을 통제해 절제하는 일'이라고 설명한다.

즉 자율은 자유의 한 형태로 볼 수 있고, 좁은 의미의 자유라고 볼 수 있다. 한 개인이 완전히 독립적으로 살아갈 수 있다면 자유를 누릴 수 있지만, 누군가와 연결되는 순간 자유가 아닌 자율이 필요한 것이다.

조직 환경에서도 마찬가지다. 개인에게 주어져야 하는 것은 자유가 아닌 자율이다. 조직과 개인은 계약을 통해 맺어진 사회적 관계이기 때문에 스스로 통제할 수 있을 때 비로소 자율이 주어진다.

그렇다면 어떻게 자율을 부여할 것인가를 생각해보자. 자율을 부여할 때는 권한과 책임이라는 두 가지 변수를 동시에 고려해야 한다. 권한은 '내가 쓸 수 있는 자원의 수준'이다. 조직 차원에서 대표적인 것은 인력, 예산이나 재정, 의사결정의 범위다. 내가 선택할 수 있는 인력의 수가 많을수록, 운용할 수 있는 예산이 클수록, 영향을 주고받는 의사결정의 범위가 넓을수록 권한은 커진다.

책임은 일과 관련해 결과에 대해 짊어져야 할 의무나 부담이다. 즉 '내가 의무적으로 감당해야 하는 결과의 수준'으로 해석이 가능하다. 이때 결과의 수준이란 조직에서 매우 다양하게 나타난다.

컴퓨터 하드디스크 제작 부서를 예로 들어보자. 해당 부서의 성과를 오직 하드디스크 제작에만 한정해서 측정한다면, 최소한의 비용으로 제품을 생산하는가만 고려해서 평가할 것이다. 그러나 비용에만 초점이 맞춰진 상태에서는 혁신이 나오기 힘들다.

반면 하드디스크 제작 부서의 성과를 컴퓨터 제품의 전체 수익으로 평가한다면 어떨까? 이때는 이야기가 달라진다. 수익을 내는 방법에는 매출을 높이는 것과 비용을 줄이는 것, 두 가지가 있다. 따라서 평가 방식이 달라지면 비용을 줄이는 것만큼 매출을 높이는 데도 주의를 기울이게 된다. 새로운 형태의 저장 장치를 개발하려는 노력도 한 예다. 한마디로 관심 범위가 넓어지는 것이다.

다만 여기에는 하나의 단서가 필요하다. 보다 많은 권한과 책임을 짊어질 수 있는 사람의 존재다. 변화는 조직의 노력과 구성원의 노력이 맞닿아야 일어난다. 권한과 책임에는 깊은 생각과 고민이 수반돼야 한다. 과연 한국 기업의 구성원이 골치 아픈 상황과 과정을 받아들일 준비가 돼 있는지, 구성원의 태도와 마음에도 변화가 필요하다.

권한을 부여한 후 그 크기에 따라 책임이 주어지면, 조직 속에서 자율이 실행될 조건이 갖춰진다. 이때 자율은 부서의 특징에 따라 차이를 둘 수 있는데, 외부 환경이나 고객 니즈의 변화에 민감한 부서라면 높은 수준의 자율을, 비용 중심의 부서라면 그보다는 낮은 수준의 자율을 부여할 수도 있다.

물론 정해진 규칙은 없다. 도요타의 경우 비용 관련 부서도 권한과 책임의 수준을 올려 높은 자율을 부여하고 있다. 자율을 부여하는 것, 그 자체가 혁신을 내포하기 때문이다.

더 이상 통제는 통하지 않는다

자율은 집단주의가 강한 한국 기업에서 개인주의 문화를 발현시키기 위해서도 필요하다. 이를 두고 집단주의가 옅어지는 것을 우려할 필요도 없다. 개인주의 문화의 확장은 단순히 집단주의 문화의 축소를 의미하지 않는다. 기업에서의 개인주의 문화란 구성원이 스스로를 독립적인 존재로 인식하는 것으로 이해해야 한다.

과학적 경영은 분업에서 시작했다고 해도 과언이 아니다. 분업이란 전체의 일을 작은 단위로 나누고, 구성원을 각각의 작은 일에 숙련되도록 해 효율성을 높이는 것이다. 이런 과학적 관리 기법을 창안한 미국의 기술자 프레더릭 테일러Frederick Taylor는 숙련 과정에서의 개인의 존재를 효율성의 관점에서 인식했다. 그에게 개인의 '자발성'은 경영 현장에서 필요한 요소가 아니었다. 오직 주어진 '명령에 복종'하고, 이를 '빨리 실행'하는 것이 중요했다.

테일러의 논리는 분업의 효율성이라는 관점에서는 타당하다. 하지만 여기에는 한 개인이 일의 전체성에서 느끼는 기쁨, 그 일로 누군가에게 전달되는 가치, 이로써 얻을 수 있는 보람은 뒤로 밀려나 있다. 일의 성과를 개인이 느끼기에는 매우 어려운 구조인 것이다.

한국인은 존재감을 느낄 때 강한 주체성을 발휘한다. 이 말은 곧 강한 주체성을 발휘하게 하려면 주인의식을 갖고 일에 참여하도록 해야 한다는 의미다. 개인에게 권한을 대폭 위임하고, 그 결과로 책임과 보상을 결정하는 것이다.

직원을 아이처럼 대하는 기업의 구성원은 일의 모든 부분에 허락을 기다리고 먼저 나아가려 하지 않는다. 독립적이고 책임감 있는 어른으로서 일을 부여해야 구성원도 어른으로서의 역할을 감당할 수 있다.

믿고 맡겨야 한다. 도움은 요청이 있을 때 주는 것으로 충분하다. 물론 여기에는 조건이 필요하다. 대접받는 어른도 반드시 어른 역할을 해야 한다. 즉 감당할 책임을 이해하고 수행할 수 있어야 한다.

직원의 성장과 조직의 성과를 동시에 잡는 방법은 명확하다. 통제는 일시적으로 문제를 해결할 수는 있지만, 많은 경우 시간이 흐르면서 조직을 복잡하게 만들고 경직시킨다. 서서히 죽어가는 것과 비슷하다. 반면 높은 수준의 자율은 맥락적 양면 조직을 구축하는 데 핵심적인 역할을 한다. 이는 모순에 대응하는 중요한 요소다.

한국 기업은 IMF 이후 미국 기업을 모방해서 자율 경영, 책임 경영 등의 제도를 도입했다. 하지만 제도가 잘 실행되기 위해서는 조직 문화도 함께 변화해야 한다. 통제보다는 자율을 우선시하는 문화, 보고보다는 스스로 책임지고 행동하는 문화, 그리고 서로를 신뢰할 수 있는 문화가 전제돼야 한다. 이런 문화는 제도처럼 빌려올 수 있는 성질의 것이 아니다. 한국 기업이 스스로 만들어내야 한다.

결국 한국식 모순 경영은 조직 속에서 개인의 주체성을 살려내는 것으로부터 출발한다. 그리고 주체성은 자율, 권한, 책임으로 부여될 수 있다.

오늘날 기업은 새로운 지식의 가치가 빠르게 퇴색하고, 다양한 영역의 지식과 기술이 융합되는 환경하에 있다. 그 속에서 구성원이 기민하게 움직이고 가치를 창출하기 위해서는 '목적'이라는 큰 울타리 안에서 구성원에게 '자율'을 부여해야 한다. 이때 한국인이 가진 집단주의는 울타리를 형성하는 긍정적인 기초가 된다.

기업의 리더 또한 바뀌어야 한다. 지금까지 많은 한국 기업은 장기적인 목적이 아닌 단기적인 목표에 따라 운영돼왔다. 이 경우 조직 속의 구성원은 주체적으로 행동하기보다 수동적으로 움직일 수밖에 없다. 리더 또한 기업의 목적을 명확히 세우고, 자신의 행동도 일치시키려 노력해야 한다.

조직의 목적을 공유하는 개인주의

한국 기업에서 자율이 제대로 정착된 사례는 많지 않다. 규모가 큰 대기업의 경우에도 상대적으로 필요하다 평가된 부서에서만 한정적인 자율이 허용됐을 뿐이다. 하지만 이제는 한국인 특유의 모순이 지닌 저력을 믿고 경영에 적용해야 할 때다. 자율이 기업에 가져올 긍정적 변화는 생각보다 더 크다.

한국인은 주체성을 바탕으로 각자의 개성을 살리면서도, 집단주의를 통해 조직의 목표와 책임을 공유할 수 있는 저력을 지녔다. 이는 개인의 성장과 조직의 성과를 함께 이뤄내는 기초 체력과도 같다. 따라서 한국인의 모순적 특성을 제대로 이해하는 기업이 곧 미래의 모순 경영 환경의 선두에 설 것이다.

자율에서 얻은 성공

IT 산업의 경우 변화가 빠르고, 연구 개발과 운영의 분리가 어려워서 사실상 자율을 통해서만 성장이 가능하다. 그런 의미에서 '마이다스아이티' 기업 사례는 자율을 어떻게 정착할 수 있는지 잘 보여준다.

마이다스아이티는 구조물 및 기계 설계 시 안정성을 검증할 수 있는 시뮬레이션 소프트웨어를 개발하는 기업이다. 1989년 포스코에서 사내 벤처로 시작했으며, 2000년에 독립했다. 창사 이래로 적자를 한 번도 기록하지 않으면서 매년 높은 성장률을 보여온 만큼, 해당 분야의 국내 소프트웨어 시장에서 95퍼센트라는 압도적인 시장 점유율도 기록했다. 물론 해외에서의 성과 또한 좋다.[56]

마이다스아이티가 주목받는 이유는 성과와 더불어 조직 운영에서도 차별성을 보이기 때문이다. 2000년에 직원 15명으로 독립한 후 성과가 좋아지면서 2019년에는 국내외 직원만 700여 명에 이르렀다.[57]

그러나 이형우 대표는 기업 규모가 커지면서 여러 가지 문제를 발견했다. 그중 가장 큰 부분은 의사소통과 미래 비전에 대한 공감 부족이었다. 즉 구성원에게 바라는 것과 그들이 조직에 원하는 것 사이에 큰 차이가 존재했던 것이다. 이는 어느 조직이나 당면하는 과제지만, 대표는 경영에 대해 다시 공부하고 생각하면서 경영의 핵심은 사람이며, 사람의 존재 이유는 행복이라는 답을 얻었다.

기업은 사람이 모여서 이뤄진 집단이므로 각자가 시너지를 내지 못하면 결국 실패할 수밖에 없다. 반대로 개별 직원의 행복을 고려하는 조직은 성공할 수밖에 없다. 마이다스아이티가 사람 중심의 조직을 만들기 위해 시도한 제도는 여러 가지다.

먼저 직원을 채용할 때는 소위 스펙이라고 하는 지식이나 기술이 아닌, 열정이나 전략적 사고 등을 가장 중점적으로 고려했다. 그리고 일을 부여할 때는 자율을 최대한 보장했다. 직원을 진짜 주인으로 대접해서 업무를 통해 스스로 성장하고, 이를 통해 조직도 성장하는 연결 고리를 만든 것이다.

또한 일을 시작할 때 가장 중요한 '왜why'를 이해하도록 했다. 일의 목적을 정확하게 이해했을 때 비로소 무엇what을 어떻게how 할 것인지를 고민하고 효율성을 추구할 수 있기 때문이다. 평가 보상 제도 또한 다르다. '직원의 육성'에 중점을 두기 때문에 상대평가가 아닌 절대평가로 업무 결과를 판단한다. 다른 누구와 비교해서 잘했다는 것보다 시작할 때 설정한 소기의 목적과 목표를 잘 이뤘는가를 묻는다.

마이다스아이티의 성공 이유는 간단하다. 개인이 주체성을 살릴 수 있도록 조직 시스템을 구축했고, 조직의 목적과 개인의 목적을 최대한 정렬해서 조직의 울타리 안에서 개인이 성장할 수 있도록 만들었다. 주체성과 한국적 집단주의가 충분히 조화롭게 공존할 수 있음을 보여주는 사례다.

MZ세대의 기업 문화를 위한 제안

앞으로 한국 기업이 나아가야 할 방향은 한국의 문화 산업에서도 찾아볼 수 있다. 봉준호 감독의 〈기생충〉이 아카데미 작품상을 수상하고, 방탄소년단이 빌보트 차트에서 여러 차례 1위를 차지하는 등 오늘날 한국의 대중문화는 세계적으로 각광받고 있다. 이를 반영하듯 국내 외국인 유학생을 대상으로 한 설문조사에서는 한국의 가장 경쟁력이 있는 분야로 문화 예술이 꼽히기도 했다.[58]

이런 상징적 기록 뒤에는 세계 시장에서 자신만의 입지를 만들기 위해 꾸준히 노력해왔던 많은 한국인이 있었다. 따라서 한류의 성공을 이끈 한국인의 미의식과 한국 문화 산업의 연결 고리를 그려보는 작업은 한국 기업 경영이 나아가야 할 방향을 새롭게 설정해준다.

앞서 이야기했듯이 한국 미의식의 기본은 '이상적인 것'을 그려내기보다는 '자기 것'을 찾아내는 데 있다. 창의성은 자기 것을 세상과 연결시키는 작업이다. 그 결과물은 때로는 대중으로부터 외면받기도 하지만, 오랜 시간이 지난 후에 가치를 인정받기도 한다.

사실 'K-팝'의 주된 구성인 '그룹'은 해외에서는 흔한 형태가 아니다. 미국에서는 밴드를 제외하고 그룹으로 활동하는 경우가 많지 않고, 일본은 그룹 형태가 종종 있지만 한국과는 다르다. 한국은 그룹으로 활동하더라도 개인의 개성을 최대한 살려내서 함께 있지만 홀로 설 수도 있도록 한다. 한 그룹에서 유닛이나 개인 활동, 팀 활동을 함께 이어나갈 수 있는 이유다.

이는 기업 경영에도 적용 가능하다. 최근 기업에서는 세대 간 갈등에서 비롯된 많은 문제가 생기고 있다. 젊은 세대를 상징하는 MZ세대와 기득권 세력인 X세대와의 갈등이 대표적이다. 회사 문제에 대해서도 직접적으로 언급하고 행동하는 MZ세대의 모습은 기성세대 입장에서 불편하게 느껴지기도 한다. 하지만 그들은 일의 의미를 추구하면서도 불확실성을 최대한 회피하려 한다. 이는 오늘날 세계 경제의 추세를 반영한다.

지속적인 저성장 시대에 MZ세대는 현재를 희생해서 미래의 결실을 기대하는 것을 위험하다고 여긴다. 따라서 MZ세대에게 일의 의미를 부여하는 것은 중요한 과제다. 일의 의미는 스스로 찾을 수도 있고, 자신의 일과 회사의 일의 공유된 영역을 통해 찾을 수도 있다. 이런 상황에서 무조건적인 발전을 강조하는 기업 문화는 세대 간 갈등을 불러올 수밖에 없다.

이제 개인을 희생해서 조직의 목표만을 추구하겠다는 생각은 위험하다. 홀로 설 수 있는 개인이 조직의 목적에 기여할 수 있을 때 기업의 영속성은 확보된다.

성장을 위한 수단 '빨리빨리'

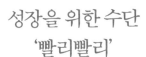

한국인을 상징하는 대표적인 단어인 '빨리빨리'는 지금까지 주로 부정적 의미로 사용됐다. 하지만 코로나19를 겪으며 고안된 드라이브 스루 진단법이 세계적으로 인정을 받는 등 '빨리빨리'에는 긍정적 의미도 분명 있다.

'빨리빨리'는 당면한 문제를 신속하게 해결하는 것이 핵심인 만큼, 현업에서는 꼭 필요한 덕목이다. 사회적 거리두기로 외부 활동이 제한된 틈에서 퀵 서비스 등의 배달 산업이 성장한 것도 '빨리빨리'의 결과다. 이처럼 '빨리빨리'가 지닌 거대한 잠재력은 경영 환경에서도 발견할 수 있다.

'빨리빨리'의 부정적 측면을 상쇄하고 더욱 큰 발전을 이뤄내기 위해서는 빠른 속도가 필요한 근본적인 이유를 반드시 고려해야 한다. 모든 문제와 현상을 빠르게 처리해야 하는 것은 아니기 때문이다. '빨리빨리' 자체가 목적이 되면 목적과 수단이 뒤바뀌고 실익은 없는 상황이 발생하고 만다.

때로는 빠르게, 때로는 느긋하게

서울에서 부산으로 가기 위해 자동차를 운전한다고 가정해 보자. 화물을 운송하는 경우라면 업무 시간이라는 정해진 조건 내에서, 휴식을 취하면서도 최소한의 시간 안에 도착하는 것이 효율적이고 실익이 있다. 하지만 실제 여행을 가거나 여행 코스를 개발하는 목적이라면 최소한의 휴식으로 최단 시간에 도착할 필요는 없다. 여행 중에는 언제든 멈춰서 쉬고, 보고, 즐길 수 있다.

단순히 옆 차보다 빨리 가려고 속도를 내거나 그저 목적지에 빨리 도착하기 위해 무리해서 운전하는 것은 여행과 어울리지 않는다. 여행의 즐거움은 과정 자체에도 있기 때문이다. 여행 중에는 종착지에 도착하기까지의 기다림도 기쁨으로 느껴진다. 만약 여행 코스 개발이 목적이라면 과정을 하나하나 파악하는 것이 오히려 도움이 되기도 한다.

기업 경영에서도 과정이 중요한 자산인 경우가 많다. 산업별로 다르지만 대부분의 신제품 개발은 10퍼센트 미만의 낮은 성공 확률 속에 있다. 열 번 시도 중에 한 번만 성공해도 괜찮은 결과다. 그렇다고 나머지 아홉 번의 시도는 의미가 없을까?

농익은 김치를 만들기 위해서는 김장이 필요하다. 즉석에서 버무려서 맛보는 겉절이도 좋지만, 은근하게 잘 익은 김장 김치를 먹으려면 숙성 과정이 필수다. 실패의 과정 속에는 성공을 위한 수많은 정보가 존재한다. 그 정보와 지식이 없다면 한 번의 성공도 어렵다.

기업의 목적, 미션, 비전은 기업이 나아가야 할 방향을 제시한다. '빨리빨리'의 효과는 방향이 공유된 후에 비로소 나타난다. 필요한 일을 결정하기까지는 조금은 느긋하게, 다양한 측면을 함께 고려하면서 진행하고, 결정 후에는 '빨리빨리' 갈 수 있으면 된다. 목적을 향한 은근하고 끈기 있는 과정 속에서 작은 문제에는 '빨리빨리' 대처하는 것이다.

즉 '빨리빨리' 정신을 유지하면서, 그 정신이 향하는 방향점을 만드는 것이 매우 중요하다. 그렇지 않으면 아주 쉽게 '빨리빨리'에 함몰돼버린다.

너무 빠르다고 자책할 필요도 없다. 역량을 집중할 곳을 잘 결정하는 지혜가 있으면 '빨리빨리'도 좋은 자원이 된다. 빠름과 느긋함은 모순되는 개념이지만 기업 경영에서는 모두 필요하다. 느긋함을 목적이나 미션과 같은 장기적인 개념과 연결하고, 빠름을 목적과 미션을 실행하는 작은 단위의 과업에 적용하면 모순도 조화를 이룬다.

성장은 하나의 지표에 불과

IT 기업은 전통적인 기업에 비해 제품이나 서비스의 론칭이나 확산까지 걸리는 시간이 매우 짧다. 카카오톡의 경우 서비스를 시작한 지 한 달 만에 10억 원의 투자를 받았고, 3개월 만에 회원 수가 백만 명을 넘어섰다.

카카오는 관련 산업의 다양한 기업을 인수하는 방식으로, 2016년 45개였던 계열사를 2021년 1월 말 기준 105개까지 늘리며 성장했다. 오늘날에는 IT 산업의 양대 산맥인 네이버와 메신저, 검색, 쇼핑, 콘텐츠, 게임, 음악, 웹툰, 금융 등의 다양한 영역에서 직간접적으로 경쟁하고 있다.

검색 서비스를 시작으로 시장에 진출했던 네이버는 쇼핑, 콘텐츠, 금융 등에서 시장을 이끌며 빠른 확장과 성장에 대처해왔다. 특히 사내 독립 기업CIC, Company-In-Company 제도는 자체적으로 기업을 분할해 빠른 의사결정과 실행력을 보장함으로써 각 사업의 독립성을 담보해왔다. 현재는 검색, 인공지능, 밴드·카페, 광고, 음악 등의 사내 독립 기업을 운영하고 있다.

두 기업의 빠른 성장을 이끈 내적 원동력은 무엇일까? 네이버는 유연성이라는 키워드를 매우 강조한다. 이는 네이버 창업자 이해진의 경영 철학에도 드러난다.

유연하라, 비전과 철학이 없는 것처럼

그는 직원이 몰입할 수 있는 환경을 조성하고자 처음부터 실행 중심의 수평적 문화를 만들고자 했다. 기존 대기업이 수직적 문화에서 수평적 문화로 변화하는 것보다는 상대적으로 수월했을지 몰라도 이 또한 쉽지는 않았다.

네이버에는 3의 법칙이 있다. 네이버 사옥에 배치된 책상, 부스, 복도 폭, 회의실 등은 모두 3의 배수로 돼 있다. 공간을 사용하는 사람의 변화가 크기 때문에, 공간 자체도 유연하게 구성한 것이다. 3의 법칙은 네이버의 조직 문화가 현실적이고 구체적인 방법으로 연결돼 있다는 것을 보여준다.

네이버는 일찍이 팀 중심제를 폐지하고, 교세라 명예회장 이나모리 가즈오稲盛和夫의 아메바 경영을 벤치마킹한 '셀'이라는 신규 제도를 만들었다.

이 제도는 전체 조직을 작은 단위의 독립적 조직으로 나눠 자율성과 책임성을 동시에 부여한다. 독립성을 보장받는 만큼, 기획자, 개발자, 디자이너 등의 인원을 필요한 수에 맞춰 구성해야 한다. 사내 벤처의 형태로 봐도 무방하다. 나아가 예산, 승진, 채용 등도 스스로 결정한다.[59]

한편 카카오는 사람을 뽑을 때 '자기 주도성'을 가장 크게 고려한다. 시키는 대로 열심히만 하는 사람은 필요하지 않다. 복잡하고 변화가 많은 환경에서 기업은 큰 방향만 제시하고, 구체적인 달성은 직원 스스로 만들어내야 한다. 그만큼 객관적인 지표인 학력이나 어학 능력의 중요성은 작아진다.

자기 주도성을 강조하는 문화에서는 신규 직원을 위한 특별한 교육이 따로 없다. 스스로 문제를 찾아내고, 일을 계획해야 한다. 주어진 일에만 익숙한 사람이라면 매우 어려운 업무 환경일 수 있다. 하지만 카카오라는 기업의 방향을 이해하고, 스스로 일을 시작하는 사람이라면 '빨리빨리'의 가치를 높이면서

일을 잘해낼 수 있다.[60]

IT 기업의 '빨리빨리'는 지금까지 산업을 성공적으로 이끌어 왔다. 작은 단위의 팀으로 빠르게 사업 아이디어를 생각하고 시도한 결과 실패와 수정을 거듭하며 놀랄 만한 성과를 이뤄냈다. 하지만 최근 이들 기업에서 나타난 문제는 '빨리빨리'의 부작용을 여실히 보여준다.

'빨리빨리'는 수단이지 그 자체로 목적이 아니다. 그리고 단순한 성장은 목적이 될 수 없다. 성장은 목적을 향해 가는 길에 나타나는 하나의 지표일 뿐이다. 성장과 속도에만 집중하면 조직 속에 사람은 없어지고 균열이 일어나기 마련이다. '빨리빨리'의 가치는 균형을 유지하고 은근하고 끈기 있게 목적을 추구할 때 비로소 빛을 발한다.

열림,
선택이 아닌 필수

혁신은 크게 두 가지로 분류된다. 혁신을 내부 자원으로만 추구하는 폐쇄적 혁신, 내부뿐만 아니라 외부에서도 아이디어나 기술, 지식 등을 조달하는 개방형 혁신. 그중 지금까지 한국 기업이 해온 대부분은 폐쇄적 혁신이었다.

폐쇄적 혁신은 앞선 기업을 빠르게 추격해서 경쟁력을 얻기에 분명 효과적이었다. 하지만 4차 산업혁명이 진행되고 있는 현재, 내부 자원만으로 경쟁력을 확보하는 것은 불가능하다. 이제 기술 발전 속도는 눈에 띄게 빨라졌고, 다양한 영역의 기술과 지식은 융합되고 있다. 한 기업이 내부적으로 감당하기에는 역부족이다. 열림은 선택이 아니라 필수다.

자생을 위한 열린 자세

한국인은 닫힘과 열림 사이에 존재한다. 먼저, 닫힌 존재로서 사람들 사이에 긴밀한 관계를 만들어낸다. 한 기업에 소속된 구성원은 마치 한 마을에 사는 가족과 같다. 한국에서 취직한 외국인이 한국 기업의 장점으로 가족처럼 챙겨주는 문화를 꼽는 것도 이런 관계적 특성을 보여준다. 다만 사생활 침해로 이어질 수 있으므로, 이 점은 주의해야 한다.

그동안 한국인은 우리보다 앞선 것을 수용하는 것에 열린 자세를 보여온 경우가 많다. 조선 시대에는 중국의 유학을 적극적으로 받아들였고, 유교 사상을 중국인보다 소중하게 생각했다. 광복 후 경제개발 과정에서는 일본과 미국의 경영 방법을 도입했고, 그 방식을 어떤 경우에도 반드시 지켜야 하는 법칙처럼 받아들였다. 이처럼 한국인은 새로운 사상이나 생각에 개방적인 태도를 취해왔다.

열림으로써 무엇인가를 받아들이는 것은 다양성의 시작이다. 그런 의미에서 앞으로의 경영 환경에서는 열림의 대상을 확대할 필요가 있다. 오늘날에 많은 기업은 개방적인 마음가짐을 바탕으로 서양이나 중국, 일본의 철학이나 경영 방법을 적극적으로 수용하고, 자생력을 갖추기 위해 노력한다. 그러나 경영 방식을 자생적으로 발전시키기 위해서는 그런 방식으로 일할 수 있는 해외 인력이 필수다.

현재 한국의 인구구조는 물병 모양이다. 고령화가 빠르게 진행되고 있다는 의미다. 이제 고령화에 따른 대체 인력을 한국 밖에서 수급해야 할 시점이다. 정신세계에 대한 동경으로 새로운 사상을 받아들였던 것처럼, 해외 인력에 대한 개방성을 높여 함께 일할 수 있는 기업 문화를 만들어야 한다.

시각만 바꾸면 된다. 한국인에게 세계인이 필요하며, 그들에게도 우리가 필요하다. 앞서 이야기했듯이 개방성과 폐쇄성의 조화는 한국인의 전통 공간인 한옥에도 존재한다. 열려 있으면서 동시에 닫혀 있는 한옥처럼 세계를 향한 개방적인 자세가 필요하다.

집은 공적인 공간이 갖지 못하는 '안정'을 준다. 하지만 그와 반대되는 감정인 '불안'은 본능이다. 따라서 본능을 잠재울 정도로 안정적이지 않은 공간은 개방성을 이끌어내지 못한다. 조직 속에서는 그런 안정감이 심리적 안정psychological safety으로 표현된다. 심리적 안정은 개인이 자신의 의견을 두려움 없이 피력할 수 있는 환경을 말한다.

기업의 구성원은 새로운 의견을 개진하는 것이 혁신에 얼마나 큰 도움이 되는지 알고 있다. 하지만 동시에 그것이 얼마나 위험을 감수해야 하는 일인지도 안다. 그래서 상사의 눈치를 보고 의견이 무시당하지 않을까 크게 불안해한다. 이처럼 심리적 안정을 이끌어내지 못하는 조직은 혁신을 이룰 수 없다.

한편 오늘날에는 카카오나 네이버와 같은 IT 기업뿐만 아니라 기존 대기업에서도 인수나 합병, 분할 또는 제휴를 통해 사업을 확장하는 사례가 점점 많아지는 추세다. 특히 SK는 인수와 합병으로 성장해온 기업인 만큼 변화의 기세가 거침없다. SK텔레콤의 전신인 한국이동통신을 인수함으로써 그룹의 기반을 마련했던 SK는 2012년 하이닉스를 인수해 사업 포트폴리오를 확장했다.

삼성도 그 시작은 한국반도체의 인수였다. 이후 인수와 합병은 거의 없었지만, 전장 사업을 위해 하만인터내셔널인더스트리를 포함한 인수, 합병에 적극적으로 임하는 변화를 꾀하고 있다. LG는 전략적 제휴를 통해 성장을 주도해왔는데 LG Philips LCD, LG 히다치 등의 제휴를 진행했고, 최근에는 전기 자동차 부품 기업인 마그나를 인수하는 등 인수와 합병의 폭과 빈도가 커졌다.

4차 산업혁명의 시대에는 단일 기업의 단독 연구 개발로는 기술력을 확보하기 어렵다. 기술의 폭은 더 넓어지고 기술 간의 융합이 일반화된 오늘날에는 다양한 기업과 협업을 통해서만 기술력을 확보할 수 있다.

그런 의미에서 인수와 합병은 기술력 확보의 핵심이다. 인수나 합병에는 다양한 장점이 있다. 기존에 보유하지 못했던 기술이나 상품을 만들 수 있게 되므로 회사의 차별성을 높여준다. 또한 새로운 지식을 획득하거나, 경쟁적 입지를 강화할 수도 있다. 하지만 인수나 합병의 성공률은 그리 높지 않다. 통합에 따른 어려움이 크기 때문이다.

인수 과정 이후의 통합은 인수된 기업과 인수한 기업과의 물리적, 인적, 문화적 결합을 의미한다. 물리적이고 인적인 결합보다 문화적 결합을 통해 하나의 기업임을 인식하게 하는 것은 중요하고도 어려운 과정이다.

한국인은 유독 내집단에 대한 충성도가 높다. 따라서 내집단에 대한 충성도가 높은 두 기업의 통합에서 어느 기업의 충성도를 낮출 것인지는 통합의 주된 과제다. 이때 개방성을 높이는 것은 기업의 기존 시스템과 문화를 존중함으로써 인수나 합병 이후에도 구성원의 심리적 안정을 높이는 데 기여한다. SK의 경우 하이닉스 인수 후 소수의 핵심 인력만 본사에서 배치했으며, 하이닉스 출신의 인력도 임원진으로 승진시켰다.[61]

이제 열림에도 역지사지가 필요하다. 과거 우리에게 필요했던 철학이나 사상, 제도 등을 도입할 때처럼 기업 간의 개방에도 적극적인 자세를 가져야 한다. 한국 기업에 필요한 많은 지식과 교훈이 이미 세계 시장에 펼쳐져 있다. 적극적인 자세로 해외를 향해 먼저 기업의 문을 열 때, 4차 산업혁명 시대에 필요한 기술과 인력을 선점할 수 있다.

PART 5

모순에 흔들리는 리더를 위한 제언

리더에게는 현재보다 미래가 더 큰 과제다. 다변화로 불확실성이 더해지고, 복잡함과 모호함이 가득할 미래에는 앞으로 나아갈 방향조차 선명하지 않다. 리더 개인이 겪어야 할 모순적 상황조차 온전히 감당하기 어렵다. 이때 리더는 일관성, 믿음 체계, 자신감, 그리고 혁신과 루틴의 모순에서 불안하고 방황할 가능성이 크다. 하지만 새로운 미래를 개척하기 위해서는 모순에 현명히 맞서는 법을 찾아야 한다. 리더가 겪는 모순을 하나하나 살펴보고 극복법을 습득해보자.

리더의 변덕, 일관성의 모순

제너럴일렉트릭 회장이었던 잭 웰치Jack Welch는 '리더가 보여줘야 하는 일관성'에 관해 말했다.[62]

위대한 경영자는 끈질기고 지루하다.

리더란 말과 행동이 지루할 정도로 변하지 않아야 하고, 끈질기게 일관성을 추구해야 한다는 의미다. 실제로 언행의 일관성은 리더에게 가장 크게 요구되는 덕목 중의 하나다. 리더의 비일관적 태도는 조직을 이끌어가기 위한 리더십에 큰 타격을 준다.

하지만 세상이 변하고 있듯 일관성과 비일관성에 관한 리더의 생각도 이제 달라져야 한다. 둘 중 어느 하나만 선택하는 것이 아니라, 둘 모두를 선택하는 양자택이兩者擇二의 자세가 필요하다. 리더가 품어야 할 첫 번째 모순은 바로 '일관성-비일관성'이다.

원가와 차별화 사이에서

리더가 일관적인 메시지를 전달하고, 그 메시지를 행동으로 옮기는 언행일치言行一致를 보여줘야 하는 이유는 '신뢰와 불안'과 관계돼 있다. 리더의 일관적인 행동은 구성원에게 신뢰를 주고, 그 신뢰는 리더의 다른 역량을 인식하는 데도 큰 역할을 한다.

리더에 대한 신뢰가 형성되지 못하면 그가 어떤 뛰어난 전문지식과 역량을 갖췄다고 해도 큰 의미가 없다. 특히 우왕좌왕하는 리더의 모습은 불안감을 조성해서, 조직의 열정을 한곳으로 모으지 못하고 힘을 분산시킨다. 미래를 예측하기 힘든 뒤숭숭한 분위기에서 위대한 성과를 이루기 바라는 것은 무리다.

리더의 신뢰 형성에서 일관성이 중요한 요소가 된 데는 시대적 맥락에 이유가 있다. 한국 기업이 원가 우위 전략을 주로 쓰던 시대를 생각해보자. 이때 요구되는 행동은 실수와 하자를 줄여 불량률을 최소화하고, 이를 통해 원가를 낮추는 것이었다. 물론 추가적인 제품 개발이나 마케팅 등의 활동도 필요했겠지만 어디까지나 부수적이었다.

이런 맥락에서는 말 그대로 '끈질기고 지루한 일관성'이 필요하다. 리더가 흔들림 없이 '불량률 최소화-원가 절감'에 대한 신념을 갖고 계속해서 이를 표명할 때 조직원도 동요 없이 그 생각을 신념화하기 때문이다.

하지만 지금은 단순한 '원가 우위 전략'의 시대가 아니다. 싸다고 무조건 잘 팔린다는 공식은 이제 성립하지 않는다. 그러므로 원가를 낮춘다고 기업이 잘 되리라는 법도 없다. 이제 경영 환경은 '차별화 전략'의 시대로 진입했다. 이는 과거와는 전혀 다른 경영 활동을 요구한다. 더 이상 기업의 성장은 리더의 끈질기고 지루한 원가 절감 구호로 담보되지 않는다.

이를 가장 잘 수행해낸 대표적인 기업이 애플과 삼성전자다. 이들은 연구 개발과 마케팅을 토대로 막강한 차별화 전략을 시도했고, 또 성공적으로 이를 달성했다. 물론 연구 개발과 마케팅만이 차별화 전략의 무기는 아니다.

컨설팅 기업이라면 좋은 인재를 뽑아 경쟁력을 유지하는 인적 자원 관리가 차별화의 원천이다. 한국의 쿠팡이나 미국의 자포스처럼, 고객을 지원하는 서비스가 차별화의 원천인 기업도 있다. 이들은 보다 나은 제품을 확보하고 고객에게 매력적인 마케팅을 펼친다. 여기에 고객의 마음까지 사는 다양한 서비스 활동을 통해 차별성과 고유성을 알리기 위해 노력한다.

물론 '차별화 전략'을 위해 '원가 우위 전략'을 포기해서도 안 된다. 따라서 현재 많은 기업은 과거보다 더 힘들게, 두 가지 전략 모두를 수행해야 하는 입장에 처해 있다. 삼성, 애플, 쿠팡, 자포스 역시 여전히 원가를 줄이기 위해 안간힘을 쓰고 있다. '일관적 비일관성'이라는 리더의 모순은 바로 이 지점에서 일어난다.

말 바꾸기의 용기

차별화 전략과 원가 우위 전략은 '돈을 아낌없이 쓰면서도, 돈을 최대한 아껴야 하는' 모순에 빠지게 한다. 차별적인 제품과 서비스를 제공하기 위해서는 창의적 아이디어가 필요하고, 이를 위해서는 구성원의 역량을 이끌어내기 위한 공간 재배치나 교육 등의 지원을 아끼지 않아야 한다. 하지만 제품 원가를 낮추려면 새로운 원료 공급자를 찾거나 새로운 부품을 만드는 데 인력과 시간을 투입해야 한다.

한쪽에서는 돈을 써야 하고, 또 한쪽에서는 돈을 아껴야 하는 모순적 상황은 리더뿐만 아니라 구성원에게도 혼란스러울 수밖에 없다. 하지만 이것이 오늘날 기업 경영 환경의 현실이다. '기업의 생존'이라는 화두 아래 이 둘을 동시에 추구할 수밖에 없다.

결국 리더가 일관적이면서도 비일관적이어야 하는 이유는 4차 산업혁명의 시대에 '기업의 생존'을 유지하기 위해서다. 일관적인 큰 목표가 있지만, 생존을 위해서는 비일관적인 전략 수정이 불가피하다.

기업의 목적을 달성하도록 돕고 경쟁력을 키우며 생존을 가능하게 하는 큰 목적 아래 하위의 작은 목표는 얼마든지 수정을 거듭할 수 있다. 비록 어제의 말이 다르고 오늘의 말이 다르더라도, 리더는 생존을 위한 목표 수정에 매우 능동적이고 과감해야 한다.

'일관적이면서도 비일관적인' 인물의 대표가 바로 애플의 창업자 스티브 잡스Steve Jobs다. 애플 최고경영자 팀 쿡Tim Cook은 한

인터뷰에서 그를 비일관적인 '말 바꾸기 선수'로 평가했다. 쿡의 표현 그대로는 '플립 플로퍼flip-flopper', 즉 손바닥 뒤집듯 말을 바꾸는 사람이다.

쿡은 잡스가 전날 180도 다른 입장을 취했다는 것을 잊게 만들 정도로, 어떤 문제에 대해 입장을 아주 빨리 바꿨으며, 매일 그런 것을 봐왔다고 이야기한다. 그러면서 무엇을 바꾼다는 것은 용기가 필요한 일이며, 잡스는 자신이 잘못됐다고 말하는 용기를 가진 사람이었다고 회상했다. 그것이야말로 잡스가 가진 능력gift이라는 말도 덧붙였다.[63]

잡스의 이런 성향은 오늘날 경영 환경에서 '말 바꾸기를 잘하는' 비일관적인 모습이 아니라 '용기'라고 평가받아야 마땅하다. 물론 전제 조건이 하나 있다. '일관적 비일관성'이 관철되기 위해서는 비일관성이 있기 전에 일관성이 전제돼야 한다. 잡스는 제품에 관한 확고한 철학, 즉 완전하게 전제된 일관성을 갖고 있었다.

- 고객의 니즈를 창조할 수 있는 직관적인 제품
- 무결점의 완벽한 제품
- 하드웨어, 시스템, 콘텐츠를 통합한 제품

이처럼 흔들리지 않는 일관성이 있었기에 잡스는 시시각각 비일관적인 전략 수정을 통해 일관성을 추구할 수 있었다.

리더는 목적을 위해 언제든 방법론을 바꿀 수 있어야 한다. 심지어 반대되는 성격의 방법론으로 변경할 수도 있다. 어제 이야기한 것과 오늘 이야기한 것이 반대된다는 이유로 일관적이지 않다 판단해서는 안 된다. 그것은 변덕이 아니라 '목적을 이루기 위한 유연성'이다.

환경이 빠르게 변화하고 그로 인한 충격이 큰 예측 불가의 환경에서는 구체적이고 장기적인 계획 자체에 의미가 없다. 이때는 오히려 기업의 방향에 관한 큰 흐름을 인식하고 환경 변화에 민첩하고 유연하게 대응하는 자세가 필요하다.

따라서 모든 행동과 맥락에서 일관성을 갖는 리더는 새로운 시대와는 잘 맞지 않는다. 목적과 방향에서는 일관성을 갖되, 요구와 니즈에 맞게 유연성을 갖고 전략과 방법을 언제든 바꿀 수 있는 리더, 즉 '일관적 비일관성'의 역량을 갖춘 리더가 새로운 시대에는 필요하다.

모순은 누구에게나 불안함을 준다. 카오스가 자신을 지배하는 것 같고, 그 모호함에서 빨리 탈출해 명쾌한 세상으로 나아가고 싶어진다. 이런 상태에서 리더가 느끼는 불안은 더욱 크다. 자신이 흔들리면 조직원도 흔들릴 것이라는 생각으로 더 큰 중압감을 갖게 된다.

하지만 리더라면 모순 속에서 균형을 놓쳐서는 안 된다. 조직의 목적에 대한 일관성이 존재한다면, 비일관적인 행동이나 순간적인 전략과 전술은 유연함이 될 수 있음을 인식해야 한다. 혼돈과 무질서마저 받아들여야 '일관성-비일관성'의 균형은 최종 완성된다.

말 바꾸기를 두려워하지 말라. 이는 전략과 전술의 균형 변경일 뿐이며, 최종 목적지로 가는 매우 다양한 길일 뿐이다.

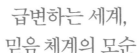

급변하는 세계, 믿음 체계의 모순

모든 사람에게는 자신만의 믿음 체계가 있고, 특히 리더에게 이는 매우 중요한 역할을 한다. 정보의 수집과 분류, 판단과 최종 결정에까지 리더의 믿음 체계는 속속들이 영향을 미치기 때문이다.

믿음 체계는 매우 공고하다는 특징이 있다. 수많은 경험 속에서 구성된 믿음 체계는 웬만한 충격에는 잘 깨지지 않는다. 그런 점에서 리더가 특정 믿음 체계에만 의존할 경우 기업은 갑작스러운 환경 변화에 속수무책으로 당할 수밖에 없다. 따라서 리더는 끊임없이 자신의 믿음 체계를 의심하며 그것을 변화시켜야 한다.

하지만 그 과정은 결코 쉽지 않다. 기업의 안정을 끊임없이 불신을 하는 것, 위기가 오기 전 스스로 위기를 상상하며 대비하는 것 모두 모순이 작용하는 매우 어려운 일이다. 하지만 리더라면 이를 받아들이고, 더 나아가 미래의 목표와 비전도 그려내야 한다. 리더가 품어야 할 두 번째 모순은 바로 '믿음 체계'다.

코닥과 후지필름의 명암

집을 짓는 방법은 매우 다양하다. 단순히 재료 측면에서만 본다면, 벽돌로 집을 지을 수도 있고, 목재로 지을 수도 있다. 그런데 어떤 사람이 지금까지 목재로만 집을 지었다고 해보자. 은연중에 이 사람은 목재로 지은 집이 가장 좋다는 믿음을 갖는다. 벽돌로 집을 지어보지 않았음에도 목재의 장점만 머리에 가득하게 된다.

그러던 중 주변 환경이 갑작스럽게 바뀌었다고 해보자. 비가 많이 내리는 탓에 그간의 쾌적함이 사라지고 습기가 가득한 환경이 된 것이다. 목재 집의 약점이 드러날 수밖에 없다. 하지만 목재에 대한 믿음을 확고히 갖고 있는 사람은 이런 상황에서도 재료를 벽돌로 바꾸지 않는다. 이 정도면 목재에 대한 신념은

'집착'이라고 불러야 맞다.

리더 역시 때로는 스스로의 믿음에 집착한다. 그들은 변화보다는 안정을 강박적으로 선호한다. 더욱이 현재의 사업이 수익을 내고 있다면 이런 성향은 더욱 공고해지기 쉽다. 우리가 알고 있는 성과가 좋고, 유명한 기업도 안정에 집착한 경우가 많았다.

이런 기업은 현재의 조직 구조, 문화, 전략이 지속적으로 성과를 창출할 것이라 믿고, 단기적인 기대와 결과를 확인하며 그 믿음을 더욱 강화한다. 내부적으로 새로운 사업 기회를 발견하더라도 현재 사업 영역을 침해하지 않는 범위에서 추진하기 원하는 경우도 있다. 이를 조직 항상성organizational inertia이라 부른다. 늘 해왔던 것처럼 지금도 앞으로도 행동하는 것이다.

이는 한 사람의 습관과 매우 비슷하다. 오랜 시간 동안 형성됐기에 무의식적으로 행동하는 경우도 많다. 조직의 습관은 그 힘이 더 막강하다. 일종의 '문화'로 계승되며, 말하지 않아도 행해지기 때문이다. 이런 믿음 체계에 의존하는 기업은 결정적 상황에서 위기와 파국을 맞을 수밖에 없다. 믿음 체계에 집착하지 않고 빠르게 변신하는 기업이 새로운 미래를 개척해내는 것과 반대다.

가장 대표적인 사례가 코닥과 후지필름이다. 이들은 똑같이 필름 전문 회사였으며 시장에서 각각 1, 2위를 차지하는 선두 기업이었다. 하지만 동일한 위기 환경에서 코닥은 2012년 파산했고, 후지필름은 지금까지 살아남았다. 오늘날 후지필름의 성장세는 '승승장구'라고 표현할 정도다.

코닥은 아날로그 필름 산업의 강자였으며 오랫동안 리딩 기업으로서 경쟁 우위를 유지했다. 코닥의 비즈니스 모델은 명확했다. 필름 판매와 필름 인화 수익이다. 필름 카메라를 가진 사람이 코닥의 필름을 구입하고, 사진을 찍은 후 필름 인화를 맡기면 사진으로 인화해 고객에게 전달한다. 전성기 때 코닥은 필름 시장의 3분의 2를 차지할 정도였다.

하지만 코닥의 영광도 2012년 끝난다. 디지털 전환에 실패하면서 파산 신청을 한 것이다. 시장에서 1위를 지켜오던 기업이 파산했다는 사실은 큰 충격이었다. 하지만 더욱 충격적인 것은 코닥이 이미 디지털 필름 산업 개척을 위한 특허권과 기술력을 상당히 보유하고 있었다는 사실이었다.

코닥은 디지털로의 전환이 아날로그 산업에 부정적 영향을 줄 것carnivalization이라고 내다봤고, 디지털 사진이 아날로그 사진만큼의 수익을 창출하지도 못할 것이라 판단했다. 반면 캐논과

니콘을 시작으로 한 일본 전자 기업들은 디지털화에 박차를 가했으며, 소비자도 빠르게 디지털로 갈아탔다.

거의 모든 사진의 생산과 소비가 디지털로 재편된 시장에서 코닥은 버틸 힘이 없었고, 그렇게 역사의 뒤안길로 사라졌다. 코닥의 파국에는 기존의 믿음 체계에 대한 과도한 '집착'이 존재하고 있었다.

코닥의 사례는 파괴적 혁신disruptive innovation이라는 개념으로 이해할 수 있다. 세계적인 경영학자 미국의 클레이턴 크리스텐슨Clayton Christensen이 1997년 『혁신 기업의 딜레마The Innovator's Dilemma』에서 소개한 개념으로, 시장에서 요구하는 니즈와 차별화되는 상품이나 서비스를 통해 고객의 새로운 니즈에 대응하는 혁신을 말한다.[64] 기존 상품이나 서비스의 고도화, 즉 점진적 개선을 통해 고객 니즈를 충족시키는 존속적 혁신sustaining innovation과 구별된다.

파괴적 혁신은 시장을 완전히 대체하는 역할을 한다. 아날로그 필름 시장은 디지털 필름으로 완전히 바뀌고 말았다. 코닥은 이런 큰 흐름을 읽지 못했다. 존속적 혁신으로 꾸준히 괜찮은 수익을 창출하고 있었고, 디지털 전환은 시간이 더 필요하다고 판단했다.

반면 후지필름은 전혀 다른 길을 걸었다. 코닥이 파산하면서 후지필름의 파산도 시간 문제일 것이라는 전망이 강했다. 하지만 후지필름은 디지털 시대로의 변화를 보면서 본격적으로 본업을 버리는 활동을 시작했다. 그간 필름 생산으로 쌓은 기술을 화장품, 헬스케어 쪽으로 집중 투자했다.

후지필름의 주가는 코로나19로 최저점을 통과한 이후 2021년 9월 기준 무려 130퍼센트 넘게 우상향했으며, 시가총액은 4조 엔이 넘어 일본 기업 순위 32위를 기록했다. 파괴적 혁신을 이뤄낸 덕분에 후지필름의 매출 중 카메라 관련은 13퍼센트에 불과했지만 사상 최대 실적을 이어나갈 수 있었다.[65]

코닥과 후지필름의 결정적인 차이점은 '믿음 체계'에 있었다. 코닥은 집착과 같은 신념에 갇혀 환경의 변화를 무시했지만, 후지필름은 고유의 믿음에서 벗어나 환경의 변화를 예의주시하고 발 빠른 변신을 시도했다.

노키아의 화려한 부활

핀란드의 휴대전화 회사였던 노키아의 파산과 부활 역시 같은 맥락에서 설명할 수 있다. 많은 사람이 알고 있는 것과 달리 노키아는 처음부터 휴대전화를 만드는 기업이 아니었다. 노키아는 처음 목재와 제지를 생산하는 회사로 출발해 이후 고무와 케이블로 사업을 확장했던, 전통적인 영역의 기업이었다.

그러다 1980년대에 접어들며 전자 기기에 대해 전 세계 기업의 관심이 폭증하기 시작하자 노키아도 시대적 흐름에 눈을 뜬다. 매우 빠르고 과감하게 첨단 통신 장비와 통신 기술 개발 사업에 뛰어든 노키아는 '대성공'이라고 할 만한 성과를 이뤄냈다. 핀란드라는 조그만 나라의 기업이 만든 휴대전화가 2008년 당시 세계 시장의 30~40퍼센트를 점유했으니, 한마디로 놀라운 결과였다.

하지만 애플의 등장으로 휴대전화의 패러다임이 변화하며, 시장은 피처폰 중심에서 스마트폰으로 기울기 시작했다. 하지만 대부분의 피처폰 기업은 이런 변화를 '찻잔 속에 태풍'이라 생각했다. 잠시 주목을 받겠지만 곧 사라질 제품이라고 여겼다. 이전에도 비슷한 스마트폰이 등장했다 이내 사라졌기 때문이다.

1990년대에 등장한 PDA Personal Digital Assistant는 메일, 일정, 인터넷 검색 등의 기능을 제공하는 등 개념적으로는 스마트폰과 유사했다. 하지만 HP, 노키아 등 당시 거대 전자 기업에서 모두 출시했음에도 PDA는 완전한 시장을 형성하지 못했다. 이런 이유로 노키아는 '애플의 아이폰 역시 비슷한 결과일 것이다'라는 신념을 가졌다.

물론 노키아가 시대를 완전히 외면한 것은 아니었다. 1996년 최초의 스마트폰 '노키아 9000'을 출시했고, 이후 지속적으로 후속 모델을 만들었다. 심지어 스마트폰의 핵심 인터페이스인 터치 스크린 방식의 기기도 출시했다. 하지만 기업 전반에 깔려 있던 무게 중심은 빠르게 변화하지 못했다.

노키아에서 재무 성과가 좋았던 피처폰 사업부의 영향력은 훨씬 컸고 스마트폰 개발은 그만큼 더 늦어졌다. 새로운 변화에 눈을 뜬 구성원이 있어도, 기업 전반의 믿음 체계가 공고할 때는 이를 넘어서지 못하는 것이다. 결국 노키아는 꾸준한 하락세를 경험하다 더 이상 버틸 수 없게 되자 2013년 마이크로소프트에 휴대전화 사업을 매각했다.

노키아의 몰락은 그들에게 내재된 변화의 DNA를 잊은 채, 너무도 견고한 믿음 체계 속에서 빠져나오지 못한 결과였다. 목재와 고무 회사에서 통신 회사로 변신했던 과거의 기억만 되살려냈어도 일어나지 않았을 결말이었다.

하지만 노키아의 이야기는 여기에서 끝이 아니다. 이후 노키아는 과거의 도전 DNA를 되살려 또다시 부활했다. 전자 기기 회사로서의 기억과 믿음은 완전히 버리고 다시 네트워크 회사로의 변신을 꾀했다. 화웨이와 에릭슨를 넘어 점유율 1등을 달성했을 정도로 눈부시게 재기한 노키아는 디지털 헬스케어 시장으로도 진입하면서 더 큰 도약을 꿈꾸고 있다.[66]

죽음을 각오하고 싸우면 살고, 살기를 바라면서 싸우면 죽는 법이다. 믿음 체계에 대한 집착 또한 마찬가지다. 지금의 안정을 위해 믿음과 신념을 고수하면 죽고, 기꺼이 모순을 감당하며 벗어나려고 애쓰면 산다.

주변의 환경은 늘 변하기 마련이다. 그리고 환경 변화는 지금의 방식을 급속도로 무력화시킨다. 이때는 근본적인 방향 전환이 필요하다. 안정 속에서도 의문을 제기하며 위기와 몰락을 상상할 때, 안정과 성장을 함께 얻을 수 있다. 앞으로의 리더가 새겨야 하는 모순의 가치다.

확신 혹은 오만, 자신감에 관한 모순

일반적으로 자신감은 매우 긍정적인 것으로 인식된다. 하지만 그 이면에는 자신감을 무능을 감추는 데 사용하거나, 자신감이 결여된 상태를 정반대로 왜곡해 자신감에 가득 찬 모습으로 연출하는 등의 부정적인 면도 존재한다. 더 나아가 자신감은 독단과 오만의 기본적인 토대가 될 가능성마저 있다.

만약 리더에게 이런 모습이 나타나면 건강하고 지속 가능한 경영을 하기란 쉽지 않다. 리더도 결국 사람이기에 제대로 된 자신감을 챙기지 않으면 각종 리스크에서 위축될 수 있고, 이런 모습은 구성원에게 불안 요소로 작용할 수 있다. 따라서 리더는 자신감에서도 양가적 모습을 가져야 한다.

이 말은 '적당한 자신감은 약이 되지만 과도한 자신감은 독이 된다'는 식의 중용적 결론을 의미하는 것이 아니다. '적당한'이나 '과도한'이라는 표현은 매우 애매해서 현실적 판단 기준이 되기 어렵다. 과연 리더의 자신감은 무엇이 달라야 할까? 리더가 품어야 할 세 번째 모순은 바로 '자신감'이다.

겸손과 성장을 내포한 자신감

리더의 자신감이 문제시되는 이유는 '모순적 활동'을 해야 하기 때문이다. 상이한 특성을 가진 두 가지를 동시에 선택하고 집중해야 한다면 누구나 불안을 느낄 수밖에 없다. 특히 모순적 상황에서는 인과관계를 명확하게 알 수 없는 경우가 많고, 정확한 원인을 모르고 불안하니 문제의 원인을 다른 사람에게 돌리며 비난하는 상황에 이르기도 한다.

이런 심리의 이면에는 '불확신'이 존재한다. 대체로 둘 중에 하나를 선택한 후에는 선택한 편에 확신을 더하며 자신감을 갖는다. 하지만 둘 모두를 선택할 경우, 확신보다는 의문이 더욱 생길 수밖에 없다. 이 역시 리더의 자신감을 확 떨어뜨리는 요인이다.

자신감이 갖는 기본적인 모순과 경영에서의 모순적 활동에서 오는 자신감의 저하를 해결하기 위해 리더는 두 가지를 명심해야 한다.

첫 번째는 자신감에 대한 보다 통찰력 있는 안목을 통해 '동력으로서의 자신감'을 확보하는 일이다. 이 경우의 자신감은 부정적인 색채를 가진 자신감과는 완전히 다른 부류다. 위기에서 오히려 힘을 내게 만드는 자신감이며, 부족함을 채워 열의를 넘치게 할 자신감이다.

두 번째는 그 자신감을 더 단단하게 지탱해줄 수 있는 '앵커anchor의 존재'다. 앵커란 바다 위의 배가 흔들리지 않도록 해저면에 내려놓은 닻, 혹은 암벽을 오를 때 자일을 매어 안전을 확보할 수 있는 특정 지점이나 기구를 말한다. 어떤 의미든, 불안하고 흔들리는 무엇인가가 의지할 수 있는 든든한 대상물이라고 볼 수 있다.

첫 번째 '동력으로서의 자신감'부터 살펴보자. 이를 확보하기 위해서는 먼저 자신감과 혼동되는 '특권의식'과 '자아도취'를 구분할 수 있어야 한다.

특권의식은 자신이 특권을 갖고 있거나 혹은 인정을 받을 자격이 있다는 개인의 믿음에 기반을 둔 성격적 특성이라고 할 수 있다. 특권의식이 강한 사람은 자기 확신이 매우 강하기 때문에 이것이 곧 자신감으로 비춰질 여지가 있다. 자아도취는 이런 상태에서 더 나아가 자신에게 특별한 능력이 존재한다고 믿는 상태를 말한다.

사실 겉으로만 보면 자신감과 특권의식, 그리고 자아도취는 명쾌하게 구분되지 않을 수 있다. 심지어 과거에는 자아도취에 빠진 사람이 타인과 공감 능력이 떨어진다고 봤으나, 영국의 연구 결과에 따르면 그들도 상대방을 배려하고 공감하는 반응을 보이는 것으로 나타났다.[67] 리더의 자신감을 특권의식이나 자아도취와 구별하는 일은 그만큼 쉽지 않다.

자신감이 강할수록 나쁜 리더다.

리더십 컨설팅 회사를 운영하는 잭 젠거Jack Zenger와 조셉 포크먼Joseph Folkman의 이 정의 역시 같은 맥락에 있다.[68]

건강한 자신감과 나쁜 자신감을 가르는 결정적인 기준은 바로 '겸손'과 '성장'이다. 자신감에는 '나는 언제든 성장할 수 있으며, 또 성장을 위해 나아갈 것이다'라는 강한 믿음이 존재한다. '나에게는 특별한 자격이 있다'라는 특권의식이나 자아도

취와는 확연히 다르다. 여기에는 성장에 대한 관점이 전혀 없고, 겸손을 갖춰야 할 이유도 없다. 자신을 특별한 존재로 여기기 때문이다.

겸손과 성장을 내포한 자신감은 주어진 현실을 과대 포장하지 않고, 상황을 객관적으로 바라보면서도 주눅 들거나 불안해하지 않으며 타개하겠다는 희망적 관점을 갖고 있다. 또한 그 성장을 위해 끊임없이 노력하겠다는 의지도 들어 있기 때문에 부족한 면이 발견돼도 이를 그대로 받아들이고 자신을 성장시키기 위해 더 노력한다. 미래에 대한 자신감으로 충만하면서도 늘 낮은 자세로 주변과 소통하며 더 훌륭한 요소를 받아들이고자 한다.

바로 이것이 '경영의 구루'라고 불리는 짐 콜린스Jim Collins가 말한 가장 높은 수준의 리더십 '레벨 5 리더십Level 5 Leadership'이다. 짐 콜린스는 『좋은 기업을 넘어 위대한 기업으로』에서 레벨 5 리더십을 '개인적인 극도의 겸양'과 '직업적인 강렬한 의지'가 융합된 것이라 정의한다.

즉 레벨 5 리더십을 가진 리더는 비전과 목표를 위해 스스로를 낮출 줄 알고, 조직의 성장을 위해 헌신한다. 능력과 노력, 그리고 열정과 야망을 자신이 아닌 조직과 목표 달성을 위해 사용

한다.[69]

건강한 자신감을 가진 리더는 모순적인 활동에서 오는 불안감을 성장에 대한 희망과 비전으로 교체하면서 견뎌낸다. 또한 늘 겸손하기 때문에 주변과의 소통과 조언도 결코 마다하지 않는다.

욕구가 아닌 목적에 집중하라

건강한 자신감을 더욱 견고하게 지탱하기 위해서는 '앵커의 존재' 또한 중요하다. 이는 '기업의 목적'과 매우 밀접한 관련을 맺고 있다.

목적이 분명하지 않은 사람의 삶이 부유하듯 흔들리는 것처럼, 기업 또한 목적이 확고하지 않으면 단기적인 성과에만 만족할 뿐 궁극적인 경쟁력을 갖지 못한다. 그런 의미에서 기업의 목적은 리더가 의지하는 최후의 보루일 수 있으며, 여기에 강한 확신과 믿음을 가질수록 자신감도 더 강화될 수 있다.

기업의 목적은 곧 기업의 존재 이유다. 목적을 통해 기업은 장기적으로 나아가야 할 방향을 설정한다. 더불어 위기의 순간에 무엇을 선택해야 하는지에 대한 답도 목적에 담겨 있다. 기업의 목적이란 미래를 향한 경쟁력의 원천인 것이다.

앞서 '레벨 5 리더십'을 정의했던 콜린스는 국내 한 경제 잡지와의 인터뷰에서 '기업의 목적'이 갖는 위대함에 대해 설명했다. 한국 기업의 '가족 경영'이 성공한 비결에 대한 물음에도 답은 같았다.

콜린스는 위대한 가족 기업의 리더는 가족 경영진의 욕구가 아닌, 회사의 목적에 집중한다고 말한다. 그에 따르면 매리어트, 애보트, 프로그레시브 보험사, L.L.빈 모두 초기에 가족 기업으로 출발했고 창업자 1세대에서 큰 성공을 거뒀지만, 2~3세 경영에서 대부분 더욱 위대해졌다. 바로 가족 경영진이 기업의 목적을 최상위에 둬야 한다는 점을 잘 이해하고 있었고, 이것이 열정을 바칠 수 있도록 이끌었기 때문이다.[70]

'욕구'가 아닌 '목적'에 집중하라는 그의 말은 매우 인상 깊다. 실제로 목적이 명확한 기업과 그렇지 않은 기업은 여러 방면에서 차이가 난다. 몇몇 기업의 미션 혹은 비전 선언문을 살펴보자.

우리는 우리의 터전, 지구를 되살리기 위해 사업을 합니다.
– 파타고니아

파타고니아 제품은 프리미엄 제품에 속한다. 즉 저렴한 가격으로 고객을 설득하지 않는다. 비싸더라도 외부 활동을 위해 튼튼하고 기능적으로 뛰어난 제품을 만든다. 그중 가장 중요한 것은 환경에 도움이 되는 원자재를 사용한다는 점이다. 파타고니아만의 차별화 전략이다.

> 언제 어디에서나 다양한 제품을 저렴한 가격으로 제공합니다. - 월마트

월마트는 세계에서 매출액이 가장 큰 기업이다. 월마트를 경험해보지 않은 사람조차 이곳이 저렴한 가격으로 제품을 판매하는 것은 알고 있다. 이것이 곧 월마트의 핵심 역량이다. 많은 종류의 상품군에서 매일 가장 저렴한 가격의 상품을 제공함으로써 원가 우위 전략을 수행하는 것이다. 명료한 비전만큼 전략의 방향도 선명하다.

> 인재와 기술을 바탕으로 최고의 제품과 서비스를 창출하여 인류 사회에 공헌하는 것을 궁극적인 목표로 삼고 있습니다. - 삼성전자

삼성전자 제품은 한국인이라면 누구나 한 번은 사용해봤을 정도로 대중적이다. 좋은 품질과 디자인 덕분에 시장에서도 차별화된 우위를 점하고 있으며, 이제는 세계 소비자에게도 좋은 평가를 받고 있다. 인재와 기술을 경쟁력의 원천으로 삼아, 최고의 상품과 서비스로 인류 사회에 기여하겠다는 비전과 일치한다.

> 놀라운 가치로 고객에게 즐거움과 감동을 드리겠습니다.
> – 다이소

다이소는 뛰어난 원가 우위로 좋은 성과를 내고 있는 기업이다. 특히 다양성과 가격 면에서 큰 경쟁력을 갖추고 있다. 가격 대비 최고의 가치를 갖는 상품과 서비스를 제공하는 것이다.

목적은 개인의 삶에서 단단한 앵커 역할을 한다. 앵커가 빠진 삶은 매 순간 판단 기준을 잃고 헤맨다거나, 취약한 성과 앞에서 자신감을 상실한 모습으로 나타난다. '자신감'이란 스스로를 지탱해줄 근거다. 그 누구의 외부적 평가보다는 그저 '혼자의 생각으로 갖는 마음의 상태'이기 때문이다. 따라서 바다 위에서 흔들리는 배를 닻이 잡아주듯, 리더의 흔들리는 자신감도 기업의 목적이 잡아줄 수 있다.

리더는 겸손과 성장이 주축이 되는 건강한 자신감을 바탕으로, 기업의 목적을 선명히 해야 한다. 이를 갖춘 리더의 진두지휘 아래에서는 단결과 리더에 대한 신념이 밈meme처럼 조직 속으로 흘러들 것이며, 구성원은 그 믿음과 확신을 바탕으로 어떤 환경에서도 자유롭게 대처할 힘을 발휘할 수 있을 것이다.

변화와 안정 사이,
혁신과 루틴의 모순

전 세계적으로 '혁신'에 대한 담론이 유행처럼 번지기 시작했던 시기는 대량생산과 대량소비의 시대가 저물며 전망이 불확실해진 시점, 그리고 무한 경쟁의 시대가 도래한 시점과 중첩된다. 당시에는 한국 기업도 대부분 혁신에 관심을 기울이면서 조직의 변화를 꾀하기 시작했다.

혁신은 기업의 약점을 노출시키지 않고 외부 타격으로부터 조직을 보호하기에 중요한 요소다. 그런 만큼 혁신의 담론이 회자된 지 꽤 많은 세월이 흐른 현재까지도, 여전히 혁신은 쉽지 않다. 여기에 이제는 기업의 생산 활동을 위해 정착된 관습인 '루틴routine'과의 모순적 관계까지 고려해야 하는 상황이다.

세상을 따라가고, 더 나아가 이끌기 위해서는 끊임없이 혁신해야 한다. 하지만 기존 사업의 성과를 만들어온 루틴 또한 결코 포기할 수 없다. 리더는 둘 사이에서 균형을 잡아야 한다. 리더가 품어야 할 네 번째 모순은 바로 '혁신과 루틴'이다.

루틴을 새로운 루틴으로

루틴이라는 개념은 때로는 긍정, 때로는 부정적인 뉘앙스로 사용된다. 일종의 반복성을 갖고 있기에 보수적인 성향을 띠고 잘 변하지 않으며, 습관적으로 행해지므로 때로는 낭비를 유발할 수도 있다.

하지만 이런 점들 덕분에 개인의 삶에서 성공을 보장해주기도 한다. 건강관리와 꾸준한 노력이 루틴이 된 사람의 성공은 누구나 예상할 수 있다.

기업에도 이런 루틴이 존재한다. 제조업 현장을 생각해보자. 오랫동안 함께해온 리더와 직원은 누가 지시하지 않아도 아침부터 저녁까지의 제조 과정을 척척 진행한다. 루틴이 기업의 성과를 내는 가장 기초적인 토대가 되는 것이다. 장시간에 걸쳐 조금씩 개선돼온 만큼 현 상태에서 매우 효율적이다.

문제는 혁신이 시작될 때다. 혁신이란 기존의 루틴을 깨는 것을 대전제로 하기 때문이다. 기술이 빠르게 발전하고 소비자의 기호가 급속도로 변화하며 혁신은 모든 기업의 당면 과제가 됐다. 기존에 없는 새로운 제품을 만들거나 일하는 방식을 바꾸는 혁신의 과정에서는 계속해서 안정적인 성과를 내온 루틴까지 위협받는다.

여기에 제대로 된 루틴이 마련되지도 않은 상태에서 혁신에 치우칠 경우에는 새롭기만 할 뿐 효율성조차 담보받지 못한다. 벤처기업과 같이 시장에 새로 진입하는 기업이 흔히 당면하는 문제다.

새로움만으로 시장을 장악하려는 것은 의욕만 앞선 환상에 불과하다. 새로운 제품이나 서비스를 통해 고객의 마음을 사로잡는 것은 좋다. 하지만 효율적인 생산과 업무 진행의 프로세스라는 루틴이 뒷받침되지 않고서는 아무리 좋은 시도도 수익으로 연결되기 어렵다.

그런 점에서 리더는 '혁신은 루틴 위에서 가능하며, 루틴은 혁신을 통해 새로운 루틴으로 탄생한다'는 점을 명확하게 인식해야만 한다. 이런 모순의 균형을 잡아내지 못할 때는 혁신도 실패하고 루틴도 깨지는 최악의 결과를 맞이하고 만다.

절대적인 선이나 악이 아닌

루틴이 안정된 기업이 혁신에 실패하는 경우는 크게 두 가지다. 첫 번째, 혁신을 추구한다고 하면서 실제로는 루틴에만 초점을 맞춘 경우다.

루틴은 단기 성과를 내는 기반이다. 이런 루틴을 따라가는 것은 안정적이고 편하다. 익숙하기 때문에 굳이 의식하지 않아도 무의식적으로 이뤄질 때도 많다. 이런 이유로 많은 기업에서는 혁신을 말하면서도 실제 현장에서 루틴에 따라 움직이는 경우가 많다.

기업 내에서 혁신적인 부서와 루틴을 지키는 부서는 자원과 영향력에도 차이가 난다. 수익 창출이 보장된 루틴에 따라 업무하는 조직은 대개 많은 자원을 사용할 수 있고, 조직 내에서 영향력이 크다.

반면 혁신을 추구하는 부서는 확실한 지지 기반이 없으면 대개 루틴을 담당하는 부서와 내부 경쟁에서는 어려운 처지일 때가 많다. 리더 역시 당장 수익을 내는 부서에 더 힘을 실어줄 가능성이 커서, 루틴을 지속하다가 기업의 장기적인 발전을 막는 결과를 초래할 수 있다.

두 번째, 혁신에만 초점을 맞추는 경우다. 혁신, 즉 새로움은 조직을 움직이는 원리다. 하지만 그 자체로는 시장에 나갈 수 없다. 새로움을 현실적으로 구체화해야 한다. 이때 필요한 것이 새로운 루틴이다.

혁신에 너무 치우친 기업에는 새로움 외의 것이 담보되지 않는다. 새로 제품을 개발했더라도 안정적이고 효율적인 방법으로 만들지 못하면 수익성을 보장받지 못한다. 따라서 혁신을 추구하기 위해서는 혁신을 지지하는 루틴도 반드시 함께 공존해야 한다.

고어텍스Gore-tex라는 단어를 들어본 적이 있을 것이다. 겨울에 입는 따뜻한 외투의 소재인데, 개발자의 이름을 따서 명칭이 붙여졌다. 빗물과 같은 밖의 습기는 차단하고, 땀과 같은 내부의 습기는 외부로 보내는 기술이 심어져 있어서 아웃도어 브랜드에서 많이 찾아볼 수 있다.

고어텍스를 제조 및 판매하는 것으로 유명한 W.L.고어&어소시에이션은 수평적인 조직 구조를 가진 것으로 유명하다. 수평적인 구조란 쉽게 말해 위계가 거의 없는 조직 구조다. 기업의 최고경영자였던 테리 켈리Terri Kelly는 경영 활동의 과정에서 생기는 모순에 대해 많은 생각을 했고, 나름의 방법으로 이 문제를 해결했다. 그리고 고민과 결단의 과정을 한 잡지와의 인터뷰에서 밝혔다.

그는 조직 내에 지속적으로 관리해야 하는 모순이 몇 가지 있다고 말한다. 첫째, 단기 목표와 장기 목표. 둘째, 혁신과 효율성. 셋째, 작은 팀의 힘과 조직 전체의 힘.

켈리는 이들 모순 사이의 긴장을 관리하기 위해 각각이 명확하게 논의되도록 노력했다. 이를 위해 둘 중의 하나가 아니라 두 가지 모두 균형 있게 추진해야 한다는 것을 구성원과 늘 공유했다. 하나에만 집중하는 것은 지나친 단순화의 실수라고 생각했기 때문에 단기 성과와 장기 성과에 모두에 집중하는 '앤드and'가 조직 내에서 자연스럽게 이야기되도록 했다.

켈리의 말에 '루틴'이라는 단어 자체가 등장하는 것은 아니지만, 실질적인 의미는 다르지 않다. 대체로 단기 목표는 루틴에 따라, 장기 목표는 혁신에 의해 추진된다. 또한 혁신과 효율성 사이의 균형인 '효율적인 혁신' 역시 루틴의 변화를 끌어올려야만 가능하다.

이와 같은 모순적 상황에서 긴장과 균형이 유지될 수 있었던 것은 그들의 조직 구조가 특별했기 때문이었다. 켈리는 혁신을 위한 조직과 운영을 위한 조직은 각각 다른 구조를 필요로 한다고 말한다. 이 둘은 마인드, 기술, 관점, 평가 기준에서 상당히 상이하다.

결국 W.L.고어&어소시에이션은 각 조직을 위한 서로 다른 구조를 만들었다. 그러면서도 각각의 활동이 결국 기업 전체의 목적과 분명하게 연결되도록 했다. 만약 혁신과 루틴의 활동을 완전히 분리한다면 운영 부서에서는 혁신적인 아이디어를 거절할 가능성이 있고, 혁신 부서 또한 운영 부서의 지원이나 아이디어를 얻을 수 없기 때문이다. 결국 연결을 통해 리더들이 각자의 활동이 가진 가치를 인정하고 서로를 강화시킬 수 있도록 한 것이다.[71]

켈리의 이야기에서 찾을 수 있는 교훈은 '혁신 조직과 루틴 조직의 분리'다. 부서별로 운영 방침과 장단기 목표를 각각 산출하고, 리더와 임원진이 이를 적절하게 공유하는 과정에서 위기에 대처하는 순발력이 길러진다. 혁신과 루틴 사이에서 오는 충돌을 효과적으로 예방하고 각 부서가 최선을 다해 추진할 수 있는 환경을 만들어냄으로써, 최대의 시너지를 거두는 방법이라 할 수 있다.

혁신과 루틴 중 어느 하나만을 선善으로 인식해서는 안 된다. 혁신을 선으로 보면, 루틴은 악惡이 되고, 반대로 루틴이 선이

되면 혁신은 무거운 짐이 된다. 절대적인 선은 없으며 모든 것은 변하기 마련이다. 혁신도 시간이 지나면 루틴이 된다.

중요한 것은 둘 사이의 관계를 제대로 파악하는 것이다. 상호의존관계인지, 시간상 앞뒤가 있는지, 우선순위가 존재하는지 등의 질문을 해보면 관계의 본질이 보인다. 이 관계를 잘 규정하는 것이 혁신과 루틴의 모순을 넘어 통합으로 가는 방법이다.

칼이란 무조건 날카로울수록 좋을까? 그렇지 않다. 무엇을 위한 칼인지에 따라 날카로움의 정도도 정해진다. 이후는 그 칼을 목적에 맞게 잘 쓰면 된다. 혁신이든 루틴이든, 그 본질을 파악하고 관계를 설정하는 것에서 시작한다.

모순적 활동을 위한 자세

모순적 활동은 오랜 세월 경영을 해온 리더에게도 쉬운 일이 아니다. 특히 과거의 경영 방식에 고착돼 있는 기업의 경우에는 급작스런 환경 변화를 더욱 받아들이기 어려울 수 있다. 이때는 조직 전체의 변화가 필요하다.

따라서 모순을 품는 것을 리더 혼자만의 일로 치부해서는 안 된다. 구성원이 동참하지 않는다면 메아리 없는 외침에 불과하며, 결국 조직 내에 모순적 활동을 정착시키는 일도 힘들어진다.

그런 점에서 리더의 개인 차원에서도, 그리고 기업 차원에서 조직원의 수용을 위해서도 나름의 기술이 필요하다. 이는 인지 복잡도cognitive complexity와 행동 복잡도behavioral complexity로 설명할 수 있는데, 최종적으로는 '진정성 있는 기업의 목적' 설정이 모순된 활동의 핵심 조건이 된다.

공감이 가져오는 놀라운 차이

보통 리더에게 필요한 역량이라고 하면 의사결정 역량, 혹은 의사소통 역량 등이 떠오른다. 그러나 변화가 빠른 시기에는 이런 역량만으로 모순된 활동으로부터 대처하기 쉽지 않다. 이때 필요한 것이 바로 '인지 복잡도'다.

보통 사람은 복잡한 환경에서 의사결정을 할 때, 그리고 대안이 너무 많을 때 판단을 어려워한다. 이때는 객관적 자료보다는 본인의 경험과 가치관을 우선순위에 두면서 판단할 가능성이 더 높다. 하지만 이런 상황에서도 다양한 가능성을 모두 감안해서 판단하는 사람이 있다. 바로 '인지 복잡도가 높은 사람'이다.

이들은 다양한 측면을 살펴보는 넓은 시각을 통해 논리적으로는 이해되지 않는 모순적 상황에서도 두 요소를 함께 고려할 수 있다. 인지 복잡도가 높은 사람과 그렇지 않은 사람은 일상의 평범한 상황에서도 차이가 난다. 다음은 피자를 먹고 맛을 평가하는 의견들이다.

▸ 평가 1: 맛있다. / 맛없다.

▸ 평가 2: 반죽이 잘 돼 있고, 토핑으로 올라간 고기, 그리고 야채의 맛이 뛰어나다.

▸ 평가 3: 고기의 식감이 좋고, 야채는 다양해서 좋다. 그리고 고기와 야채, 반죽의 조화가 좋다.

평가 1은 구체적인 평가 없이 최종적인 결과만 말하는 경우다. 평가 2는 자신만의 평가를 내리면서도 근거를 함께 제시하는 경우다. 다만 맛을 구성하는 요소에 대한 개별적인 평가만 있다. 평가 3은 개별적인 요소에 대한 평가에서 더 나아가 개별적인 요소 사이의 상호작용까지 근거로 제시하는 경우다.

평가 1에서 평가 3으로 갈수록 인지 복잡도가 높아진다. 이렇게 인지 복잡도가 높을수록 다양한 것에 대해 고려할 수 있는 가능성이 높아진다.

다행인 것은 인지 복잡도는 노력과 훈련으로 얼마든지 개선할 수 있다는 점이다. 관련 연구에 따르면, 특정한 일에 대한 업무 기간이 길수록, 자신의 업무 복잡성이 높을수록 인지 복잡도가 높아질 수 있다.

또한 타인의 어려움이나 곤란한 상황에 공감하고 도움을 주기 좋아하는 성격, 행동의 전후를 미리 계산하는 사려 깊은 성격, 새로움에 열려 있는 개방적 성격일수록 인지 복잡도가 높을 가능성이 컸다.[72]

이때 핵심은 바로 '공감'과 '열려 있음'이다. 공감은 타인이 느끼는 상황이나 기분을 비슷하게 느끼거나 경험하는 것으로, 최근 그 중요성이 더 많이 언급되고 있다. 열린 마음으로 상대방에게 공감하는 것은 결국 인지 복잡도를 높이는 효과를 가져온다.

다행인 것은 인지 복잡도의 핵심이 되는 공감 능력이 노력으로 나아질 수 있다는 점이다. 과연 공감 능력은 어떻게 키울 수 있을까?

공감은 상대방을 하나의 독립적 인격으로 바라보고, 인식하는 것에서 출발한다. 내가 중요한 만큼 상대방도 중요하다는 생각을 하면 이야기나 의견을 경청하게 되고, 기분까지 느낄 수 있게 된다. 물론 이렇게 되기까지는 많은 시간이 필요하다. 하지만 분명 경험이 많이 쌓일수록 공감 능력은 올라간다.

열려 있음이 공감 능력을 높이는 데 도움을 주기도 한다. 새로움이라는 가치는 즐거움만큼 두려움도 함께 준다. 그래서 사람에 따라 새로움을 좋아하기도, 싫어하기도 한다. 새로움을 받아들이는 것은 개인의 선택이지만 새로움에 열려 있을수록 한 개인이 경험할 수 있는 폭은 넓어지기 마련이다. 그리고 경험의 폭이 넓어지면 공감의 영역도 넓어진다.

따라서 리더는 이런 이상적인 형태를 내면에 구축하기 위해 다양한 노력을 기울여야 한다. 이는 모순적 활동이 필요한 지금의 경영 환경에서 반드시 필요한 능력이기 때문이다.

조직에 속한 구성원이라면 지금은 리더가 아니더라도 언제든 다양한 형태로 리더의 역할을 맡을 가능성이 있다. 공식적 지위로 주어질 수도 있고, 일시적으로 팀을 리드할 수도 있다. 따라서 구성원에게도 기업의 곳곳에 산재한 다양한 모순을 인지하고 고려할 수 있는 역량이 필요하다. 결국 조직원이 '공감'과 '열려 있음'의 중요성까지 인식하도록 유도하는 것도 리더의 역할이다.

진정성 있는 목적의 중요성

인지 복잡도와 함께 이야기했던 행동 복잡도 또한 모순적 활동을 위해 반드시 필요하다. 행동 복잡도는 기업의 맥락에서 다양한 활동에 대한 경험과 인지 능력을 의미한다. 행동 복잡도가 높은 기업일수록, 구성원은 특정한 사안을 다양한 시각에서 바라보고 이를 자신의 활동에 적용할 수 있는 복합적인 능력을 갖추게 된다.

행동 복잡도가 주목받게 된 이유는 경영 환경이 과거와 달라진 탓이 크다. 앞서 원가 우위 전략과 차별화 전략에 대해 언급한 바 있다.

과거처럼 원가 우위 전략만 추구하던 시대에 기업의 행동 복잡도 역량은 그다지 중요하지 않았다. 원가를 낮추기 위한 행동은 비교적 명확하게 정의할 수 있기 때문이다. 단순하게 표현하면 열심히, 성실하게, 주어진 지시에 따라 빠르고 정확하게 수행하면 달성할 수 있었다.

하지만 차별화 전략이 필요한 시대로 바뀌면서 구성원이 해야 할 행동의 범위가 더욱 넓어졌고, 그 행동을 규정하기도 어려워졌다.

'창의성'을 예로 들어도 단순히 리더의 지시로 기를 수도 없고, 몇 번의 교육으로 달성할 수도 없다. 오늘날에는 구성원 모두가 자유롭게 다양한 아이디어를 제안하고 실험해볼 수 있어야 하며 이때 거침없는 의견이 오고 가야 한다.

중요한 것은 이처럼 행동 복잡도가 높은 활동을 위해서는

'진정성 있는 기업의 목적'이 전제돼야 한다는 점이다. 구성원 모두가 동의하며 신념화할 수 있는 목적이 주어진다면, 매우 복잡한 행동을 수행해야 하더라도 이를 이루려는 의지를 가질 수 있다. 진실로 믿고 따를 수 있는 목적이 없는 기업의 구성원은 행동 복잡도가 필요한 활동을 잘 하지 않으려는 경향이 있다.

진정성 있는 목적은 어떻게 만들어질까?[73] 신생 기업이라면 창업자가 가진 목적으로 시작해도 좋다. 목적 기업으로 명명되는 기업들을 보면 창업자가 가진 단단한 철학이 조직의 목적으로 안착된 경우가 많다. 이들은 정립된 목적을 달성하기 위해 타협하지 않았다.

대표적으로 다음의 기업들이 목적 기업으로 분류된다. 존슨앤존슨, 애플, 구글, 인텔, SAP, 세일즈포스, 레고, 디즈니, 할리데이비슨, 제록스, 3M, P&G, 유니레버, UPS, 사우스웨스트 에어라인스, 코스트코, 트레이더조, 컨테이너스토어, 자포스, 탐스, 파타고니아, 바디샵, 벤앤제리, 스타벅스, 홀푸드마켓, 웨그먼스.[74] 모두 우리에게 익숙하고 시장에서 거둬들이는 성과도 뛰어난 기업들이다.

신생 기업이 아니라면 조직원의 목소리와 가치에서 시작하는 것도 권장할 만한 방법이다. 특정 산업에서 일정 시간 동안 사업을 영위해왔기 때문에 그들이 가진 목적, 즉 소비자에게 어떤 가치를 주고 싶고, 사회에 어떤 기여를 하고 싶은지가 구성원 각자의 마음속에 담겨 있을 것이기 때문이다.

비전 수립 프로젝트라는 거창한 이름이 없어도 상관없다. 서로 어떤 생각과 가치를 갖고 있는지를 편안하게 나눠보고, 중간관리자를 포함한 경영진의 철학과 맞닿은 것을 통합하면서 기업의 목적으로 설정할 수 있다.

기업에 주어진 실천 과제

기업의 목적을 설정했다면, 실질적인 의사소통을 통해 보다 명확하고 간결한 어휘로 표현하는 과정을 거쳐야 한다. 정의된 목적은 창의적이면서도 감정적으로 호소할 수 있는 강력한 메시지를 갖고 있어야 한다. 목적은 이성, 즉 머리로 이해되는 만큼 감성, 즉 가슴으로 받아들여지는 것도 중요하기 때문이다.

따라서 기업이 마케팅을 통해 고객의 마음을 사로잡듯이, 조직원의 마음을 사로잡을 수 있도록 의미와 감동을 모두 담은 하나의 이야기로 다가가는 것이 중요하다. 이 과정에서 구성원의 내재적 동기부여는 매우 중요한 역할을 하며, MZ세대의 특성은 훌륭한 조건이 될 수 있다.

죽은 문구가 아닌 살아 있는 행동으로

목적을 공유하기 위한 의사소통 방법을 정한 후에는 중간관리자의 역할이 무엇보다 중요하다. 목적이 조직 속으로 전파되기 위해서는 관리자와 조직원 사이의 공유를 넘어 실제 관리자가 보여주는 행동이 중요하다. 선언된 언어가 살아 있고, 조직원이 기꺼이 목적에 참여하도록 하기 위해서는 모든 관리자가 목적에 합치하는 행동을 보여줘야 한다.

중간관리자가 선언된 목적과 다른 행동을 무분별하고 제약 없이 한다면, 목적은 조직 속에 살아 있는 가이드 라인이 아닌 액자 속에 죽어가는 문구로만 남게 된다.

'사회적 책임'을 강조하던 시절, 많은 한국 기업은 회사 차원에서 그 중요성을 부각시키고 실제 활동을 수행하기도 했다. 하지만 대부분은 구호에 그치거나 단순히 보여주기식의 활동이었다. 많은 사람이 진정성에 동감하지 못했고, 사회적 책임이라는 개념도 언어로만 박제되고 말았다.

창의성이 중요한 기업이라면 창의력이 발현될 수 있는 환경을 조성해야 한다. 말로는 창의성을 외치면서, 중간관리자는 매달 성과와 관련된 비용만 이야기한다면 누구도 창의력을 발휘할 수 없다.

만약 중간관리자의 역할이 제대로 갖춰졌다면 이후에는 기업의 다양한 제도나 문화를 목적에 맞게 만들어가야 한다. 조직원이 기업의 일상에서도 목적과 일치하는 활동을 할 수 있도록 환경을 조성하는 것이다. 채용 시 기업의 목적과 가치에 부합하는 사람을 고용하고 재무적인 부분을 비롯한 성과 평가를 할 때도 같은 기준에 따라 적절히 보상하는 제도도 만들 수 있다.

기업의 목적은 모순되는 요소가 함께 어우러질 수 있는 운동장이다. 진정성 있는 목적으로 무장한 기업은 그만큼 모순되는 요소를 받아들이기 용이하다. 어떤 모순이든 목적과 연결만 된다면, 언제든 다시 균형을 유지할 것이라는 믿음이 자리 잡기 때문이다.

MZ세대 맞춤형 모순적 활동

기업의 목적은 구성원에게 강한 내재적 동기부여를 할 수 있다는 점에서 특히 더 중요하다. 최근 기업의 중요한 구성원이 된 MZ세대의 목소리를 이해하기 위한 노력도 이와 관계된다. MZ세대에 관해 이뤄진 다양한 연구 결과 중 주목할 만한 것은 그들이 모순된 활동을 잘 수행한다는 사실이다. MZ세대의 모순적 성향을 정리해보면 다음과 같다.

▸ 자신의 이익에 민감하면서, 공정성에 대한 화두에도 예민하게 반응한다.

▸ 자신에게 가치 있는 일을 위해 다른 것도 희생할 수 있다.

▸ 자신에게 관심이 많으면서도, 사회에 기여하고 다른 사람에게 영향을 더 주고 싶어 한다.

▸ 나의 취향이 중요하듯, 다른 사람의 취향도 존중한다.

▸ 지속 가능한 세상에 많은 관심을 갖고 있으며, 가격이 비싸도 환경을 해치지 않는 제품을 기꺼이 구입한다.

MZ세대는 연대 방식에서도 과거와 확실히 차별화된다. 과거의 젊은이들은 현실을 변화시키기 위해 '강한 연대'가 필요하다고 여겼으며, 거기에서 나오는 힘이 중요하다고 봤다. 하지만 MZ세대는 현실을 변화시키기 위한 '느슨한 연대'에 익숙하다. 예전처럼 탄탄하게 연결돼 저항하던 방식보다는 보다 자유로운 연대를 통해 지속적으로 현실을 바꿔가고자 한다. 이들의 이런 행동은 확실히 모순적이다.

더 나아가 MZ세대의 이런 활동은 기업 경영의 패러다임에도 직접적인 영향을 미치고 있다. 회사에 고용된 직원이어도 경영자적 관점에서 스스로를 바라보고, 경영의 현실을 변화시키려고 하기 때문이다. 가장 대표적인 사례가 SK 하이닉스에서 시작된 성과급 이슈였다.

코로나19 사태에도 불구하고, 일부 대기업은 최근 몇 년 사이 예상을 뛰어넘는 수익을 올렸다. 예전이라면 회사에서 책정한 적당한 성과급으로 직원에 대한 보상이 끝났겠지만, MZ세대는 구체적인 자료를 근거로 불만을 직설적으로 표현했다.

SK 하이닉스에서 시작된 이슈는 이후 많은 대기업에서 발생했고, 기업은 성과급 책정은 물론 보상 체계 전반에 대한 재설계를 고민하고 있다. 공정성에 민감한 MZ세대는 사회에 만연한 문제에 대해 앞으로 또 다른 이슈를 제기할 것이다.

사실 성과급 이슈는 이성적으로만 접근하면 해결하기 쉽지 않다. 성과급에 대한 비교는 동종 산업에 그치지 않고, 국내 혹은 국외 모든 기업을 대상으로 할 수 있다. 따라서 이전보다 높은 수준이 아니면 늘 같은 불만이 나올 수 있다. 연봉도 같은 맥락이다. 성과급이나 연봉 관련 정보는 획득하기 매우 쉽기 때문에 늘 불만이 준비돼 있다고 봐도 무방하다.

하지만 사람은 이성적인 존재면서 감성적인 존재다. 내가 하는 일의 가치 혹은 내가 몸담은 조직이 만들어내는 가치에 보람을 느낀다면, 연봉이나 성과급이 일정 수준만 유지돼도 조직과 함께할 마음을 가질 수 있다.

그런 점에서 이제 리더, 그리고 중간관리자는 MZ세대가 갖고 있는 강한 내재적 동기부여에 관심을 기울이고, 그들을 통해 경영에서 마주하는 다양한 모순적 활동을 수행해야 한다.

이야기했듯이, 이제 기업은 모순적 활동의 수용성을 높이기 위해 인지 복잡도와 행동 복잡도 등의 다양한 기술과 '진정성 있는 목적'이 필요하며, 이를 전파하는 데 중간관리자의 역할은 상당히 중요하다. 그리고 리더에게는 이 모두를 아우르면서도 균형을 잃지 않는 역량이 필요하다.

그런 점에서 오늘날 기업을 구성하기 시작한 MZ세대가 모순적 활동의 가능성을 크게 갖고 있다는 것은 특히 긍정적이다. 이런 사실이 예측이 어려운 4차 산업혁명 시대에 경영을 성공시킬 수 있는 매우 구체적인 지침이자 매뉴얼이 됐으면 한다.

에필로그

한국식 경영은 분명 존재한다

일본식 경영, 미국식 경영은 과거 한국 기업이 배우고 싶은 성공 모델이었다. 한국 기업은 그 배움에 충실했고, 글로벌 시장에서 인정받을 만한 성공 사례도 만들었다. 그리고 아직도 많은 한국 기업이 미국식이든 일본식이든 모방을 통해 성공하기를 원한다.

장기 불황 시절 일본은 미국식 경영에 대한 니즈가 높았다. 이에 일본 고유 방식인 종신 고용, 장기 성과 중심의 업적 평가 등에서 문제점을 인식하고, 미국식 경영 방식인 단기 계약 고용, 단기 성과급 등을 도입했다. 하지만 결국 실패로 끝이 났고, 일본 기업은 다시 고유의 방식으로 되돌아갔다. 일본 고유의 문화와 정신을 지키며 기업을 운영하는 것이 더 나은 경쟁력으로 연결된다고 생각했다.

일본과 미국 기업의 성공 비결은 자신의 문화를 잘 활용하고 경영에서 이런 특징을 잘 발현시켰다는 데 있다. 일본식 혹은 미국식 경영이라는 이름을 붙이는 이유도 같은 맥락이다.

그렇다면 한국 기업에는 한국식 경영이 존재할까? 한국인의 특징을 잘 발현한 경영 방식을 만들어냈을까? 아마도 많은 사람이 이 질문에 부정적인 답변을 내놓을 것이다. 일본식 경영과 미국식 경영이 존재하듯 이제는 한국인에게 어울리는 한국식 경영을 정립해야 한다.

모순에서 찾은 한국의 고유성

한국 기업은 산업화 시대, 모방을 통해 효율성에 기반한 성과를 만들어냈다. 보편적인 경영 방식인 생산 공정의 고도화를 한국인 특유의 근면, 기민함, 희생, 저돌성 등으로 돌파해왔다. 하지만 정보화 시대를 넘어 4차 산업혁명 시대로 진입한 지금, 효율성만큼 창의성이 중시되고 있다.

창의성으로 대표되는 차별화의 근원에는 고유성이 자리한

다. 고유성 없이는 창의적인 힘이 나올 수 없다는 말이다. 오늘날 문화의 힘이 더욱 중요한 이유다.

문화의 힘을 기르기 위해서는 한국인이 가진 것이 무엇인지 정확하게 파악해야 한다. 인식은 앞으로 나아가기 위한 첫걸음이다. 한국인은 모순을 안고 사는 존재로서 양극단의 특성을 조화롭게 품고 살아왔다.

빨리빨리 지금 처한 일을 처리하면서도, 은근과 끈기로 큰 목적을 달성했다. 양은 냄비처럼 급격히 끓어올랐다가 이내 식어버리기도 하지만, 때로는 뚝배기처럼 따스함을 오래 간직하기도 한다. 흥이 많아 몇 날 며칠을 노래하고 춤추면서도 가슴 한쪽에 한을 간직하고 산다.

또한 역사적으로 중국이라는 큰 대륙의 북방 문화를 받아들이면서도, 남방 문화를 간직해왔다. 개방적으로 외부와 소통하지만 밖으로부터의 위험이 존재하면 언제든 폐쇄할 수 있는 특성도 갖고 있다. 자연적인 것을 좋아해 조화로움을 추구하지만 사이사이에 파격과 부조화를 숨겨놓는다. 정신세계를 중요시하면서 물질도 놓지 않는다.

효율성과 창의성의 모순으로 특징지을 수 있는 세계에서는 개방과 폐쇄 속에서 인고의 시간을 함께 보내되, 홀로 설 수 있는 능력과 시간도 필요하다. 또한 은근하게 긴 목적을 향해 나아가면서 당면한 과제를 재빠르게 해낼 수 있는 능력도 필요하다. 이런 모순의 시대와 한국인의 삶은 잘 맞닿아 있다.

한국인은 조직이라는 틀에 존재하면서 그 틀에 영향을 주고 싶어 한다. 자신의 존재감이 드러날 때면 신바람이 나고, 정해진 틀에서 변화를 주는 변격을 즐긴다. 이런 한국인의 개방성과 폐쇄성이 조화를 이루기 위해 조직은 무엇보다도 안정감을 제공할 수 있어야 한다.

특히 한국인은 이념적으로 추구해야 할 이상이 존재하면 지나칠 만큼 철저한 강박도 갖고 있다. 기업의 이상, 그리고 목적이 왜 중요한지를 말해주는 대목이다.

미래 경영의 힘, 문화

이제 기업 경영에서 모순은 상수가 될 것이다. 한국인이 가진 모순적 특징은 더 이상 변덕이나 비일관성으로 치부할 것이 아니다. 한국인의 모순은 기업의 목적을 달성하도록 돕는 유연성이자 기민함이며, 넉넉한 마음이다.

모순의 DNA는 숨기고 싶어도 숨겨지지 않는다. 언제든지 밖으로 나올 준비가 돼 있다. 이런 한국인의 특성이 경영에서 잘 발현되도록 하는 것은 내 몸에 맞는 옷을 입는 것과 같다. 이제부터라도 한국 기업이 한국인의 DNA를 제대로 한번 살려볼 차례다.

지금까지 모순의 측면에서 한국인의 특징을 분석하고 기업 경영과의 연관성에 대해 이야기했다. 미래에는 기업 경영은 물론이고 핵심 상품이나 서비스에서도 한국 문화가 더 적극적으로 활용될 것이다. 'K-팝' 'K-무비' 'K-푸드' 등 세계 시장에서 한국의 콘텐츠가 주목받는 흐름은 앞으로도 지속될 것으로 보인다.

결국 핵심은 문화다. 기업 문화나 문화 산업이라는 개념이 일상화된 것처럼 이제 문화는 미래 산업의 핵심이 됐다. 일찍이 김구 선생은 문화의 힘을 간파했다. 『백범일지』는 영화만큼 재미있는 이야기 속에 담긴 간결하고 선명한 메시지로 놀라움을 주는 책이다. 그 안에는 한국의 정신적 방향에 대한 김구 선생의 철학이 담겨 있다.

김구 선생은 한국이 세계에서 가장 부강한 나라가 아닌, 아름다운 나라가 되기를 원했다. 다른 나라의 침략에 고통받았던 만큼 결코 남을 침략하는 것을 원치 않았다. 부력富力은 생활을 풍

족히 할 만하고, 강력强力은 외부로부터의 침략을 막을 정도면 족하다고 여겼다. 다만 오직 한 가지, 한없이 갖고 싶은 것은 높은 문화의 힘뿐이었다. 문화의 힘은 나와 남 모두를 행복하게 하기 때문이다.[75]

문화의 힘은 고유성에서 나온다. 다른 곳에서 빌려오거나 모방을 통해서는 절대로 만들어지지 않는다. 기업도 이제 문화의 힘으로 경쟁하는 시대가 왔다. 한 기업의 문화는 상품과 서비스의 바탕이 된다. 사람들이 애플의 제품을 사랑하는 것은 애플의 문화가 그 안에 함축돼 있기 때문이다. 한국의 기업도 이제 문화의 힘을 길러야 할 때다. 이때 한국인이 가진 고유성은 반드시 좋은 밑 재료가 될 것이다.

이 책이 한국인의 모습을 있는 그대로 볼 수 있는 관점을 제공했기를 바란다. 한국 기업이 모순된 한국인의 특성을 잘 활용한다면 과거에 못난 모습으로 치부됐던 모습도 미래에는 고유한 아름다움으로 다시 평가받을 것이라 기대한다.

감사의 글

‘한국인은 왜?’라는 질문이 나의 안에 자리 잡기 시작한 2005년 즈음, 마음속에는 이미 이 책의 첫 장이 기록되고 있었다. 직장인 3년 차였던 2003년부터 시작된 평생의 업에 대한 고민은 ‘무엇을 위해 살아갈 것인가?’라는 물음으로 연결돼 결국 ‘나는 누구인가?’라는 질문으로 되돌아왔다.

나의 정체성에 대한 질문이 자연스럽게 한국인으로 흘러갈 때 한국형 코칭을 만들고 계셨던 유동수 선생님으로부터 한국인의 모순을 처음 접하게 됐다. 한국인이 고유한 존재임을 깨닫는 순간이었다.

회사 일을 통해 구본형 선생님을 만난 것도 나에게 큰 변화를 가져왔다. 회사를 다니며 다시 공부하기로 결심했던 시기, 구본형 선생님의 『코리아니티』를 읽으며 한국적 경영에 대한 나의 막연한 생각은 작은 확신으로 바뀌었다. 살아계셨다면 누구보다 많은 축하를 해주셨으리라.

또한 한국조직경영개발학회장을 맡고 계시고, 진성 리더십을 만들어 전파하는 데 앞장서고 계신 윤정구 교수님과의 만남을 통해, 나는 한국적 경영이 펼쳐질 멀지 않은 미래를 함께 고민하기 시작했고 미리 경험하고 있다. 한국조직경영개발학회의 운영진과 참여해주신 모든 분들께도 감사의 말을 전한다.

학문뿐만 아니라 인생 전체에서 커다란 성찰의 계기를 마련해주신 세 분 덕분에 '한국식 경영'이라는 끈을 놓지 않았고, 작은 결실을 맺을 수 있었다. 이 자리를 빌려 진심으로 감사를 드린다.

생각이 책이 되는 과정에서, 조금은 딱딱할 수 있는 내용도 세상에 닿도록 도움을 주신 콘텐츠 기획자 이진아 대표님과 출판을 책임져주신 21세기북스 양으녕, 김수현 팀장님과 교정에 도움을 주신 모든 분들께도 감사 인사를 전하고 싶다.

나라는 존재가 있도록 보살펴주시고 많은 자양분과 사랑을 주신 아버지와 어머니, 그리고 늘 큰 지지와 애정을 주신 장인어

른과 장모님을 포함해 모든 가족들에게 이 자리를 빌려 감사의 말씀을 드리고 싶다. 마지막으로 흔들리지 않는 큰 나무처럼 묵묵하게 나를 지지해주고, 때로는 냉철하게 현실을 볼 수 있게 도와주는 동반자 이지현에게 감사의 말을 전한다.

참고문헌

1. 피터 F. 드러커, 『넥스트 소사이어티』, 한국경제신문사, 2007.
2. "Asia's New Model Company", *The Economist*, 2011.10.1.
3. 마이클 브린, 장영재 역, 『한국, 한국인』, 실레북스, 2018.
4. 헨드릭 하멜, 김태진 역, 『하멜표류기』, 서해문집, 2018.
5. 강영희, 『금빛 기쁨의 기억』, 일빛, 2004.

강준만, 『한국인 코드』, 인물과사상사, 2006.

경향신문 특별취재팀, 『우리도 몰랐던 한국의 힘』, 한스미디어, 2006.

고하리 스스무, 고영욱 역, 『한국과 한국인』, 이지북, 2001.

구본형, 『코리아니티』, 휴머니스트, 2007.

권수영 외, 『한국인, 우리는 누구인가』, 21세기북스, 2016.

김문조, 『한국인은 누구인가』, 21세기북스, 2013.

김영명, 『단일 사회 한국』, 이담북스, 2011.

김용운, 『원형의 유혹』, 한길사, 1994.

다니엘 튜더, 노정태 역, 『기적을 이룬 나라 기쁨을 잃은 나라』, 문학동네, 2013.

박노자, 『당신들의 대한민국』, 한겨레신문사, 2001.

베르너 사세, 김현경 역, 『민낯이 예쁜 코리안』, 학고재, 2013.
송호근, 『한국의 평등주의, 그 마음의 습관』, 삼성경제연구소, 2006.
신광철, 『극단의 한국인, 극단의 창조성』, 쌤앤파커스, 2013.
에리크 쉬르데주, 권지현 역, 『한국인은 미쳤다』, 북하우스, 2015.
이규태, 『한국인의 정서구조 1, 2』, 신원문화사, 1994.
이누미야 요시유키, 『주연들의 나라 한국 조연들의 나라 일본』, 솔과학, 2017.
이사벨라 버드 비숍, 신복룡 역, 『조선과 그 이웃 나라들』, 집문당, 2019.
이상현, 『그래서 한국인』, 채륜서, 2018.
임마누엘 페스트라이쉬, 『한국인만 모르는 다른 대한민국』, 21세기북스, 2013.
조지훈, 『한국학연구(조지훈전집 8)』, 나남, 1996.
지상현, 『한중일의 미의식』, 아트북스, 2015.
진중권, 『호모 코레아니쿠스』, 웅진지식하우스, 2007.
최준식, 『한국의 문기』, 소나무, 2007.
최준식, 『한국인을 춤추게 하라』, 사계절, 2007.
최준식, 『다시, 한국인』, 현암사, 2016.
탁석산, 『탁석산의 한국의 정체성 2』, 책세상, 2016.
프레데릭 불레스텍스, 이향 역, 『착한 미개인 동양의 현자』, 청년사, 2007.
함재봉, 『한국 사람 만들기 1, 2』, 아산서원, 2017.
허태균, 『어쩌다 한국인』, 중앙북스, 2015.
황상민, 『한국인의 심리코드』, 추수밭, 2011.

6. 웨이스 니오 토프락, "[한국에 살아보니] 알면 알수록 어려운 한국", 《경향신문》, 2006.2.3.
7. 권율, "한국인은 최고의 리더십 유전자 타고난 민족", 《중앙일보》, 2010.5.18.
8. 임마누엘 페스트라이쉬, 『한국인만 모르는 다른 대한민국』, 21세기북스, 2013.
9. 김현수, "불도저 추진력-발상의 전환… 유럽-日 콧대 꺾고 조선 최강 '우뚝'", 《동아일보》, 2020.1.2.
10. 송준규, "삼성 살린 李 집안의 '입' 이번에도 통할까", 《문화저널21》, 2020.5.13.
11. 정문경, "[삼성전자 50주년] 불모지 반도체에 뛰어든 이병철 '선견지명'이 '사업보국(事業報國)'", 《디지틀조선TV》, 2019.11.2.

12. Hofstede, G., *Cultures and Organizations*, McGraw-Hill, 1991.
13. 윤휘종, ""호암 독창적 경영모델 창조"‥탄생 100주년 심포지엄", 《파이낸셜뉴스》, 2010.2.10.
14. 허태균, 『어쩌다 한국인』, 중앙북스, 2015.
구본형, 『코리아니티』, 휴머니스트, 2007.
15. 송영록, "삼성전자, 전 임직원 대상 생활속 AI 아이디어 발굴 나섰다", 《이투데이》, 2018.10.9.
16. 삼성뉴스룸, "'워라밸 시대' 맞아 새삼 주목받는 집단지성 플랫폼 모자이크(MOSAIC)", 2018.8.22.
17. 최욱, "기재부판 '모자이크' 만든다…정책 집단지성 플랫폼", 《연합인포맥스》, 2021.9.3.
18. 이누미야 요시유키, 『주연들의 나라 한국 조연들의 나라 일본』, 솔과학, 2017.
19. 서민준, "디지털 산업은 개방이 핵심…韓 기업 폐쇄성 탓에 뒤처져", 《한국경제》, 2018.12.25.
20. 이병기, 『외환위기 전후 기업의 구조조정과 성과변화 분석』, 한국경제연구원, 2008.
21. 정유현, "[데이터 뉴스] 100대 기업 외국인 임원 100명 넘어서… 삼성전자 57명 최다", 《이투데이》, 2015.9.30.
22. 고은이, "'한국의 강점은 개방성…삼성 성공의 배경이죠'", 《한국경제》, 2012.11.4.
23. 김동훈, "에릭 슈미트 "한국인은 창의성을 타고 났다"", 《한국경제》, 2011.11.8.
24. 박병호, "창업·벤처 기업 지원…'막대한 예산집행, 과연 효과는 보고 있나'", 《이코노뉴스》, 2018.12.18.
25. 김국태, "스피드 경영의 업그레이드 방안", 《LG Business Insight》, LG경제연구원, 2008.12.24.
26. "[정주영 명예회장 별세] "기업의 생명은 결국 경쟁력…"‥ 경영어록", 《한국경제》, 2001.3.22.
27. 박노황, "황창규 사장, "모험심 많은 한국인 세계 IT 이끌 것"", 《연합뉴스》, 2005.4.27.

28. Florida, R. et al., *The Global Creativity Index 2015*, Martin Prosperity Institute, 2015.
29. 이주명, 「한국적 미의식의 다양성과 유형별 분류에 대한 연구」, 《한국미학예술학회지》, 한국미학예술학회, 34권, 2011, 383~426쪽.
30. 최동현, 『판소리란 무엇인가』, 에디터, 1996.
31. 최준식, 『한국인은 왜 틀을 거부하는가?』, 소나무, 2002.
32. 조지훈, 『한국학연구(조지훈전집 8)』, 나남, 1996.
33. 이세형·김지현, "품질은 좋아졌지만… 한국 대표할 'K-디자인'이 없다", 《동아일보》, 2014.5.12.
34. 강동철, "한국 디자인 경쟁력 세계적 수준", 《조선비즈》, 2016.9.23.
35. 조지훈, 『한국학연구(조지훈전집 8)』, 나남, 1996.
36. 한국민족문화대백과사전 http://encykorea.aks.ac.kr/Contents/Item/E0018111
37. Vogel, E. F., *Japan as Number One*, Harvard University Press, 1979.
38. 신윤재, ""재팬 넘버원!"이라더니…日가전·반도체 어쩌다 몰락했나", 《매경프리미엄》, 2020.9.19.
39. 김태균, "佛마크롱 경악하게 만든 일본의 경직성…"다시는 방일 안할 것"", 《서울신문》, 2021.12.10.
40. 이상현, ""일본 외국인 혐오와 고립주의 성향, 충격적"…프랑스 기자의 일갈", 《매일경제》, 2021.12.12.
41. 황형규·나현준, "어학되고 도전정신 뛰어나…한국청년 찾는 日기업 4배 늘어", 《매일경제》, 2017.4.4.
42. 오구라 기조, 조성환 역, 『한국은 하나의 철학이다』, 모시는사람들, 2017.
43. 서동철, "[View & Outlook] '제조업 근성' 삼성은 불량 없는 완벽…'효율' 앞세운 아마존, 결정도 뒤집어", 《매일경제》, 2020.3.5.
44. 박희권, "[박희권의 호모글로벌리스] 완벽주의와 위험감수 문화", 《한국경제》, 2020.7.21.
45. 콜린 그레이, "한국인, 회사 합격하고도… 외국인 너무 놀라", 《중앙일보》, 2013.1.20.
46. 전강준, "팔만대장경에 담긴 숫자의 비밀", 《경남신문》, 2013.10.16.

47. 김상준, "위대한 유산 팔만대장경이 있는 합천 해인사(상)-고려 민중의 혼이 담긴 '기록문화의 보고'", 《경남도민신문》, 2020.10.21.
48. 지수현, "한국전통복식 속 담긴 과학 이야기", 《YTN 사이언스》, 2017.1.5.
49. 김창우, "대박 난 '대우 세탁기', 디자인 어떻길래", 《중앙일보》, 2012.7.6.
50. 정성언, "Q: 해외서 펄펄나는 대우일렉 … A: 현지화", 《중앙일보》, 2011.12.13.
51. 권세진, "2025년 G7 국가 수준에 근접, 2050년 세계 최고 富國 중의 하나", 《월간조선》, 2009.1.
52. 정영효, "한국 '세계 1위 제품' 7개로 3위…일본과 같아졌다", 《한국경제》, 2020.8.14.
53. Rothaerme, F., *Strategic Management*, McGraw-Hill, 2021.
54. 성현희, "1000만 가입자의 신화 '카카오톡'의 3대 개발 원칙", 《전자신문》, 2011.3.31.
55. 대한상공회의소·McKinsy&Company, 『한국기업문화의 근본적 혁신을 위한 제언』, 2018.5.15.
56. 최영진, "이형우 마이다스아이티 대표-직원 간 경쟁을 없앴더니 회사가 더 성장하더라", 《포브스코리아》, 2015.3.23.
57. 김영문, "[박혜린이 만난 경영 구루(6)] 이형우 마이다스아이티 대표", 《포브스코리아》, 2019.3.23.
58. 신유리, "외국인 유학생이 꼽은 '한국의 경쟁력' 1위는 '문화예술'", 《연합뉴스》, 2017.5.16.
59. 신무경, 『네이버는 어떻게 일하는가』, 미래의창, 2018.
60. 장윤희, 『커넥트 에브리씽 Connect Everything』, 넥서스BIZ, 2016.
61. 김은별·손선희, "[기업, 왜 혁신인가] 인수합병 성공, 조직문화에 달렸다", 《아시아경제》, 2015.6.19.
62. 웬디 K. 스미스 외, "두 마리 토끼를 잡는 '양자택이' 리더십", 《하버드비즈니스리뷰》, 2016.5.
63. 이혜미, "팀 쿡 애플 CEO 잡스는 말 바꾸기 선수", 《헤럴드경제》, 2012.5.31.
64. Christensen, C. M., *The Innovator's Dilemma*, Harvard Business School Press, 1997.

65. 이슬기, "필카는 잊어라…후지필름은 이제 바이오·반도체社", 《한경글로벌마켓》, 2021.9.12.
66. 김영은, "'4차 산업혁명 선도' 노키아의 부활", 《매거진한경》, 2017.10.16.
67. 문세영, "자기도취에 빠진 사람은 구제 불능일까?", 《코메디닷컴》, 2014.6.3.
68. 김인수, "[김인수 기자의 사람이니까 경영이다] 해로운 자신감 VS 좋은 자신감="나는 자격 있어" VS "성장할 수 있어"", 《매일경제》, 2016.2.29.
69. 짐 콜린스, 이무열 역, 『좋은 기업을 넘어 위대한 기업으로』, 김영사, 2002.
70. 이진원, "경영 구루 짐 콜린스 인터뷰", 《포브스코리아》, 2020.2.23.
71. 웬디 K. 스미스 외, "두 마리 토끼를 잡는 '양자택이' 리더십", 《하버드비즈니스리뷰》, 2016.5.
72. Woznyj, H. M. et al., Re-introducing Cognitive Complexity. *Human Performance*, 33(1), 2020, pp.1~33.
73. 로버트 퀸·안잔 타코, 한영수 역, 『목적 중심 경영』, 니케북스, 2021.
윤정구, 『진성리더십』, 라온북스, 2015.
Carlisi, C. et al., "Purpose with the Power to Transform Your Organization", *Boston Consulting Group*, 2017.5.15.
74. B Lab http://www.bcorporation.net
75. 김구, 『백범일지』, 돌베개, 2005.

KI신서10262

뜻밖의 한국

1판 1쇄 인쇄 2022년 5월 11일
1판 1쇄 발행 2022년 5월 25일

지은이 유건재
펴낸이 김영곤
펴낸곳 ㈜북이십일 21세기북스

인문기획팀 양으녕 이지연 최유진 **교정교열** 김찬성
기획 이진아콘텐츠컬렉션 **디자인** THIS-COVER
출판마케팅영업본부장 민안기
마케팅1팀 배상현 이보라 한경화 김신우
영업팀 이광호 최명열
e-커머스팀 장철용 김다운
제작팀 이영민 권경민

출판등록 2000년 5월 6일 제406-2003-061호
주소 (10881)경기도 파주시 회동길 201(문발동)
대표전화 031-955-2100 **팩스** 031-955-2151 **이메일** book21@book21.co.kr

ISBN 978-89-509-0157-8 03320